DEUX ÉTUDIANTS

FARCE-VAUDEVILLE EN DEUX ACTES

LE

MONDE DE CHEZ NOUS

COMÉDIE EN CINQ ACTES ET EN VERS

par

Liautaud ETHEART

PARIS
IMPRIMERIE DE MOQUET
92, rue de la Harpe.
1857

DEUX ÉTUDIANTS

FARCE-VAUDEVILLE EN DEUX ACTES

LE

MONDE DE CHEZ NOUS

COMÉDIE EN CINQ ACTES ET EN VERS

par

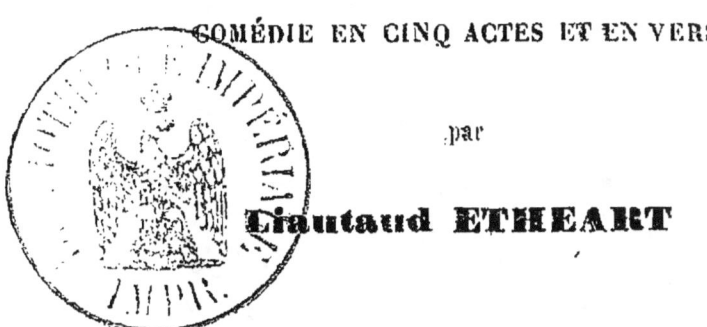

Liautaud ÉTHEART

PARIS

IMPRIMERIE DE MOQUET

92, rue de la Harpe.

1857

PRÉFACE.

Quand parurent mes Miscellanées, j'eus la hardiesse d'annoncer au public trois essais dramatiques, dont deux seulement étaient tout-à-fait achevés. Je dis hardiesse, car la pièce qui demandait le plus de tact et de talent n'était encore qu'en canevas, ou pour mieux dire, je venais de terminer la première scène du *Monde de chez nous*. On comprendra que la hardiesse était grande pour moi, qui n'avais jamais encore écrit en vers, car je n'appelle pas de ce nom quelques petites compositions rimées qu'un écolier fait toujours sur les bancs de l'école, ou qu'un adolescent écrit au moment où il entre dans la société. Qui me donnait donc la témérité d'annoncer une comédie en cinq actes et en vers? Etait-ce orgueil de ma part? Avais-je la certitude de réussir dans l'œuvre? De mes amis intimes qui savaient à quoi s'en tenir sur cette annonce, furent effrayés pour moi, et quelques *amateurs de saine littérature*, qui apprirent la nouvelle, en firent des gorges-chaudes.

Cependant ni l'effroi de mes amis, ni les gorges-chaudes de quelques hommes de goût ne purent me décourager. Je travaillais sans relâche dans mes heures de loisir « on doit concevoir que je n'en ai pas beaucoup » et le treize juillet, date fatale! Un treize! je mis fin au bas de ma comédie.

L'une des deux pièces qui composent cette brochure a été faite pour les élèves du collége Wilberforce et représentée par eux le 23 mars 1856. Mon but, en écrivant cette farce, a été de montrer aux jeunes gens dont l'éducation m'est confiée, que toujours dans le monde, le travail et la moralité reçoivent leurs récompenses. J'ignore si j'ai atteint mon but ; mais je me rappelle encore avec joie, je dirai mieux, avec orgueil, cette agréable soirée où je fus appelé à grands cris sur le théâtre !

Quant au *Parc-aux-Cerfs*, sujet tiré de l'histoire de France, drame que je comptais faire paraître dans ce recueil, des circonstances indépendantes de la volonté m'en font encore retarder l'impression.

Un dernier mot sur le *Monde de chez nous* : la société haïtienne, comme toutes les autres sociétés, a des travers, et c'est sur ces travers que j'ai essayé de frapper. J'ai tâché de les grouper ensemble et de les ridiculiser. Qu'aucune fausse interprétation ne soit donnée à mon œuvre. J'ai tout écrit sans rancune, sans haine, sans passion et dans le seul but de corriger en amusant! Mon sujet est inventé : qu'on n'y cherche pas d'allusions !

D'ailleurs, on me connaît assez pour ne pas supposer que je puisse me faire l'interprète d'intrigues basses ou méchantes!

5 août 1856.

LIAUTAUD ETHÉART.

DEUX ÉTUDIANTS

FARCE-VAUDEVILLE EN DEUX ACTES

Par Liautaud ÉTHÉART

Représentée, pour la première fois, au Port-au-Prince, par les élèves du collége WILBERFORCE, le 25 mars 1856.

Distribution de la pièce.

Personnages :   Acteurs :

ALBERT GONDRECOURT,   MM. THOBY fils.
ÉDOUARD GONDRECOURT,   D. ÉTHÉART.
ROSTOPFACHE,   K. LYSSADE.
Madame MÉDOR,   D. PICHARDO.
Un tailleur,   G. DELESTANG.
Un bottier,   C. ROMAIN.
WILLIAM,   A. DESRAVINES.
Le Commissaire,   T. NERETTE.

(*La scène se passe à Paris.*)

DEUX ÉTUDIANTS.

ACTE PREMIER.

(Le théâtre représente le cabinet de travail des deux étudiants. Tout ce qu'il faut pour écrire. Des livres sur les bureaux, etc., etc.)

SCÈNE PREMIÈRE.
ALBERT, ÉDOUARD.

ÉDOUARD.

Mon cher Albert, vous parlez absolument comme Caton : vous me faites l'effet de ces vieux Romains qui ne se fesaient aucun scrupule d'envoyer leurs fils à la mort pour le salut de Rome. Avouez que c'était de la bonne barbarie, ou je m'y perds.

ALBERT.

Édouard, vous éludez la question, et parce qu'on vous a répété que vous maniez bien l'arme de l'ironie, vous vous en servez à tout propos, vous voulez toujours faire de l'esprit. Cela devient insipide, à la fin. Depuis une heure, je me tue à vous faire entendre que votre conduite est loin d'être louable, et, au lieu de goûter mes paroles, qui sont celles d'un bon parent, vous tâchez de me tourner en ridicule.

ÉDOUARD.

Mon cher cousin, mon bon parent, en quoi ma conduite est-elle si blâmable ?

ALBERT.

Ces nuits que vous passez hors du logis, en société

de jeunes gens ne pensant qu'au jeu et à la débauche, oh ! cela fait pitié, Édouard !

ÉDOUARD.

Oui, plains-moi. Je suis bien à plaindre, en vérité, surtout en ce moment où je n'ai pas un sou vaillant dans la poche.

ALBERT.

A qui en est la faute ? Si vous aviez seulement un peu économisé les trois cents francs que vous avez reçus de notre oncle, il y a à peine quinze jours.

ÉDOUARD.

Economisé ! c'est assez difficile à Paris, surtout pour un étudiant en médecine, qui est obligé de se procurer des livres nécessaires à sa noble vocation, de s'habiller proprement, de tenir un rang dans la société, de ne pas habiter des taudis, de s'abonner à des revues pharmaceutiques, etc., etc.

ALBERT.

Oui, et c'est pour cela que vous vous abonnez à la Presse et au Charivari.

ÉDOUARD.

Ne faut-il pas être au courant des affaires de son pays, en ce moment surtout où le colosse Russe s'apprête à fondre sur nos têtes ?

ALBERT.

Edouard, vous ne tenez pas aux promesses que vous avez faites à M. Gondrecourt, notre bon oncle. Songez donc qu'il a pris soin de notre enfance, qu'il a payé pendant dix ans notre éducation, nous pauvres orphelins ! Et, depuis notre sortie du collége il nous fait encore une rente de cent cinquante francs par mois, pour nous permettre, vous, d'étudier la médecine, moi, d'étudier le droit.

EDOUARD.

Admirablement bien parlé, mon cher Albert! Décidément, je crois que vous ferez un bon avocat, quand... vous serez avocat. En attendant, mon oncle doit fort bien comprendre que je ne puis pas vivre de médecine à Paris. Je lui écris, il ne me fait pas même l'honneur de me répondre.

ALBERT.

Vous oubliez que, par sa dernière lettre, il vous disait qu'il partait pour un long voyage que nécessitent ses affaires.

EDOUARD.

Long voyage! Connu! Un négociant de Marseille se déplacer dans un moment où la vente des huiles va si bien! M. Gondrecourt, qui n'est jamais venu à Paris depuis que nous y sommes, Paris qui touche à Marseille, — car ces diables de chemins de fer vont si vite, — M. Gondrecourt va entreprendre un long voyage! où? Il n'en dit pas un mot! vive la carotte! Quel légume nourrissant!

ALBERT.

Allons, du respect à notre oncle.

ÉDOUARD.

Oui, vous avez raison! c'est beau ce que vous faites là. C'est de votre droit? N'êtes-vous pas héritier futur du nom des Gondrècourt? Allons, avouez-le, notre chère cousine, la charmante Léontine vous tient au cœur.

ALBERT.

Je ne la connais même pas.

EDOUARD.

Et notre oncle, le connaissez-vous?

ALBERT.

Non plus, il y a bien quinze ans que nous avons quitté Marseille.

ÉDOUARD.

Pour moi, je n'y compte plus retourner, et décidément, si d'ici à quelques jours, je ne reçois pas les fonds que j'ai demandés, je me fais volontaire et je m'embarque pour la Crimée.

ALBERT.

Vous quitterez vos études en médecine?

ÉDOUARD.

Par le temps qui court, mon cher, un diplôme de docteur est difficile à attraper.

ALBERT.

Non pas, quand on travaille, quand on a de la persévérance. Pour moi, ma thèse est remise depuis plusieurs jours, et j'ai le ferme espoir que je serai agréé.

ÉDOUARD.

Labor improbus omnia vincit, Albert. Albert de Gondrecourt, docteur en droit! c'est sonnant, résonnant même.

ALBERT.

Seulement, vous ôterez le de. Je ne suis pas noble comme vous. Quelle idée, Édouard, d'aller faire imprimer des cartes sur lesquelles on lit en toutes lettres : Marquis Édouard de Gondrecourt.

ÉDOUARD.

Laissez-moi avec mon idée. N'avez-vous pas blâmé celle que j'ai eue de m'attacher un groom? c'est anglais, c'est princier. D'autant plus que la charité me dictait cette conduite : un pauvre enfant que je rencontre dans les rues et qui me prie de l'attacher à mon service.

ALBERT.

Oui, un gamin de Paris, qui s'amuse à faire des niches tout le jour, à la portière, aux voisins, et qui en a eu encore hier avec ce Monsieur du quatrième.

ÉDOUARD.

Ah! ah! ce drôle Monsieur du quatrième! Il me fait l'effet d'un mouchard. Connaissez-vous seulement son nom? Il vous a fait appeler pour une consultation, n'est-ce pas? Il a un procès, le pauvre homme.

ALBERT.

Il me paraît très-comme il faut. Il s'appelle Rostopfache.

ÉDOUARD.

Paraître et être sont deux.

ALBERT.

Je penserai bien de lui jusqu'à preuve du contraire. Mais où est donc ton groom?

ÉDOUARD.

William, il est allé faire quelques commissions pour moi. Il faut que demain, je me présente en soirée et je n'ai rien de préparé. Je fais appeler mon bottier et mon tailleur : j'ai des ordres à leur donner.

ALBERT.

Mais vous venez de l'avouer vous-même, vous n'avez pas un sou vaillant. Comment paierez-vous ces fournitures?

ÉDOUARD.

On a du crédit.

ALBERT.

Mais encore, faut-il payer.

ÉDOUARD.

On paiera.

ALBERT.

On paiera, mais quand?

ÉDOUARD.

Quousque tandem, Albert, abutere patientiâ meâ.

ALBERT.

Pas de Cicéron, mon cher Édouard. Mais je vous le dis franchement, si cela continue ainsi, je me verrai forcé de quitter cette chambre.

ÉDOUARD.

Non, vous ne la quitterez pas. Car décidément, ce logement ne me convient plus : il me faut quelque chose de plus chicard, de chicocandard même, et, dès demain, je déménage.

ALBERT.

Vos folies vous conduiront à des sottises, je le vois.

ÉDOUARD.

Et les sottises, à quoi?

ALBERT.

Continuez et vous le verrez. Mais laissez-moi travailler. Il faut que je remette, ce matin même, cette consultation à monsieur Rostopfache.

ÉDOUARD.

Oui, commentez Rogron. Moi, j'en ai assez du Dictionnaire des sciences médicales. Oh! pourquoi ne sommes-nous pas encore à ce temps, à cet heureux temps où, avec la robe et le bonnet, on faisait un médecin,

Temps lointain, mais heureux et jamais oublié.

ALBERT.

Allons, du Chénier, maintenant!

ÉDOUARD.

Et du Marie-Joseph encore!

ALBERT.

Édouard, mettez-vous donc un peu au travail.

ÉDOUARD.

Impossible, mon cher, je ne puis rien faire avant d'avoir mangé.

ALBERT.

Et après?

ÉDOUARD.

Après, il faut que je me repose.

ALBERT.

Et c'est ainsi que vous comptez faire en Crimée?

ÉDOUARD.

Hé! ce n'est pas une résolution prise. C'est encore à l'état de fœtus. Pas mal, la comparaison, pour un futur médecin. Peut-être même je changerai d'idée. Oui, il me prend envie de me faire journaliste, romancier, ou auteur dramatique. Que diable! Emile de Girardin, Dumas, Hugo même, le grand poète, n'ont pas commencé avec un bagage littéraire plus lourd que le mien!

ALBERT.

Faites-vous ce que vous voulez. Mais au moins faites-vous quelque chose.

ÉDOUARD.

A coup sûr, je ne me ferai pas docteur en droit.

ALBERT.

Ce serait un peu difficile.

SCÈNE DEUXIÈME.

ALBERT, ÉDOUARD, WILLIAM.

WILLIAM.

Les journaux de M. le Marquis.

EDOUARD.

Et mes commissions?

WILLIAM.

Elles sont faites, Monsieur.

EDOUARD.

Tu as vu le bottier et tu lui as dit qu'il me faut deux paires de bottes?

WILLIAM.

Oui, Monsieur.

EDOUARD.

Parfaitement. Et le tailleur?

WILLIAM.

Il viendra à l'heure désignée.

EDOUARD.

C'est bien, William. Tu es la perle des grooms.

ALBERT.

Mais je ne comprends pas trop bien, Édouard. La soirée où vous allez exige-t-elle que vous ayez deux paires de bottes?

EDOUARD.

Non, une paire suffira; mais on ne sait pas ce qui peut arriver. D'ailleurs, deux paires de bottes ne peuvent jamais nuire, cela n'embarrasse pas.

WILLIAM.

Ah! monsieur Albert, j'oubliais! Ce monsieur du

quatrième, ce monsieur qui porte un si drôle de nom, ce monsieur Rostopfache, enfin, eh bien ! je l'ai rencontré qui montait l'escalier; il me prie de vous dire que si vous voulez le lui permettre, il aura l'honneur de venir vous saluer. Il demande une réponse.

ÉDOUARD.

Prends garde à toi, William. Tu causes avec les voisins. Si j'apprends que tu parles de mes affaires, je te chasse.

WILLIAM.

Monsieur, je suis la discrétion en personne.

ALBERT.

Édouard, si vous voulez avoir la bonté de me prêter William pour envoyer une réponse à mon client.

ÉDOUARD.

Son client. Déjà des airs d'avocat. Vous voyez donc, Monsieur le docteur, que les domestiques sont nécessaires.

ALBERT.

Mais vous ne répondez pas à ma question.

ÉDOUARD.

Mon cher, tout bien considéré, je crois qu'il vaut mieux que vous alliez vous-même trouver monsieur Rostopfache. Comme vous venez de l'entendre, mon bottier et mon tailleur doivent arriver tout à l'heure, et cette visite de votre client pourrait me déranger.

ALBERT.

Mais il me semble après tout que ce logement est à moi comme à vous, et je persiste à recevoir M. Rostopfache.

ÉDOUARD.

Ne le prenez pas si haut, Albert, et faites à votre

guise. Vous pouvez vous servir de William. William, fais ce que te dira mon ami.

ALBERT à William.

Va-t-en vite trouver M. Rostopfache, présente-lui mes civilités et dis lui que je me ferai un vrai plaisir de le recevoir.

ÉDOUARD.

Et politesse toute française, quoique tu portes un nom anglais. Eh bien ! il s'en va avec mes journaux.

WILLIAM.

Pardon, les voici, Monsieur.

ÉDOUARD.

Et au retour il est inutile que tu rentres ici. Mets-toi dehors pour que tu aies le temps de m'annoncer mes visiteurs.

SCÈNE TROISIÈME.

(Albert écrit, Edouard assis dans un fauteuil lit, la portière rentre.)

MADAME MEDOR, parlant au dehors.

C'est bien, Messieurs, on s'y connaît.

ÉDOUARD.

Qu'est-ce, madame Médor?

MADAME MÉDOR.

M. Médor, ma foi, qui voulait empêcher que je montisse, sous prétexte que vous n'êtes pas encore éveillés.

ÉDOUARD.

Imparfait parfaitement employé. Est-il jaloux, votre Médor?

MADAME MÉDOR.

Comme si l'on n'était pas raisonnable avec ses 70 écus.

ÉDOUARD.

L'âge protège, Madame Médor.

MADAME MÉDOR.

Et la vertu aussi, M. Édouard. Mais, messieurs, puisque vous voilà encore ici, je descendrai à ma loge, j'attendrai votre sortie pour venir faire votre chambre. Ah! M. Édouard, avez-vous entendu cette nuit le caquet de Fortuna? Dieu de Dieu! qu'il a parlé, mon pauvre perroquet, cette nuit! Cela n'est pas naturel! Je m'attends à quelque grande nouvelle, aujourd'hui. C'est toujours ainsi. La veille des trois Journées de Février, Fortuna n'est pas restée une minute tranquille. Toute la nuit, elle me disait : Madame Médor, on frappe à votre loge. Je me réveillais, je m'habillais (car la pudeur avant tout), et quand j'allais regarder, eh! bien oui, personne, personne à la loge. Dans les terribles Journées de Juin, oh! c'était encore plus fort que jamais! Il parlait, il parlait, il gesticulait. Deux fois il a sauté sur mon lit, et je me suis vue obligée d'aller l'enfermer pour en finir. Et Médor! mon petit Médor, pas mon mari, mais mon chien; car vous savez qu'ils portent tous deux le même nom. Mais pour les différencier, j'appelle l'un, M. Médor, et l'autre, mon petit Médor. — De cette manière, il n'y a pas à se tromper. C'est par amitié pour mon mari que j'ai donné ce nom à mon petit chien; non, je me trompe, c'est par amitié pour mon petit chien, que j'ai donné ce nom à mon mari. — Suis-je bête, moi, je m'embrouille. Enfin, passe, tant est que chaque fois que Médor taquine Fortuna, c'est qu'il ne doit arriver rien de bon sous *l'atmosphère*. Plusieurs fois cette nuit, ils ont eu des différends, si bien que Médor, je parle toujours de mon petit chien, a arraché quelques plumes à ma belle Fortuna. — M'est avis que les événements se compliquent en Crimée, et si Saint-Arnaud n'y prend garde.....

ÉDOUARD.

Saint-Arnaud, il est mort!

ALBERT.

Que dites-vous?

ÉDOUARD.

La vérité, mon cher. C'est ce que dit le journal. Tenez, lisez plutôt vous-même.

MADAME MÉDOR..

Quand je vous disais, messieurs, Fortuna a parlé.

ÉDOUARD.

Mais, faites attention, madame Médor, que le héros était déjà mort quand Fortuna parlait.

MADAME MÉDOR.

C'est égal, c'est égal, Fortuna annonçait la nouvelle. Ce pauvre général! Heu! ce n'est pas peut-être tout; il y aura encore quelque chose. Et que dit-on de *Sérastopol?*

ÉDOUARD.

Sébastopol, madame Médor.

MADAME MÉDOR.

Ces noms russes! que c'est difficile à prononcer! Et qu'en dit-on?

ÉDOUARD.

Toujours à prendre.

MADAME MÉDOR.

Oh! il ne faut pas être française pour ne pas désirer la prise de cette ville. Comme vous me voyez monsieur Édouard, j'ai l'âme patriotique. Quand on chante la Marseillaise devant moi, je suis toute transportée. Plus de calme, plus de repos. Je le vois bien, je n'étais pas née pour être femme; la position d'homme me conviendrait bien plus. Oh! si j'étais homme, je ne ressemblerais pas à ces petits Parisiens qui se font appeler lions parce qu'ils sont bien mis, bien pommadés, bien frisés.

ÉDOUARD.

Et à qui ressembleriez-vous, madame Médor? Assurément pas à M. Médor.

MADAME MÉDOR.

Monsieur Médor! vraie poule mouillée. Il ne sait pas si la France est en guerre. Parlez-lui de la Russie, il vous demandera où est situé ce pays. Pauvre cher homme! il vieillit ou plutôt il n'a jamais été jeune. — Dieu de Dieu! M. Albert, comme vous maniez la plume, comme vous écrivez vite! comme vous allez! Si seulement, mon cher Médor (c'est mon fils, Messieurs, je l'appelle ainsi pour le distinguer de mon chien et de mon mari), si seulement mon cher Médor pouvait réussir un jour à manier la plume ainsi.

ÉDOUARD.

Une autre fois, madame Médor, vous direz mon mari et mon chien. C'est plus poli.

MADAME MÉDOR.

Et vous, monsieur Édouard, vous n'avez rien à me montrer, ce matin?

ÉDOUARD.

Attendez, madame Médor, c'est vrai. Ne riez-pas, Albert. — Vous savez que Molière, le grand Molière, lisait toujours à sa cuisinière ses pièces de comédie.

ALBERT.

Mais vous n'êtes pas le grand Molière.

MADAME MÉDOR.

Fi! quelle comparaison, je ne suis pas non plus une cuisinière.

ÉDOUARD.

Ne vous fâchez pas, c'est une manière de parler, écoutez, c'est une épître à ma pipe.

A ma Pipe.

O pipe! ô mon amie, ô ma consolatrice,
Quand l'argent me permet de humer ton parfum,
Quand je puis contempler ta flamme bienfaitrice,
C'est avec un bonheur difficile a dépeindre.

ALBERT.

Aussi difficile que la rime avec parfum était difficile à trouver.

UNE VOIX (au dehors.)

Madame Médor, madame Médor !

MADAME MÉDOR (en sortant.)

C'est bien, on y va. Au revoir, messieurs. Bonjour, M. Rostopfache. Et la santé? Bonne, n'est-ce pas? Tant mieux.

SCÈNE QUATRIÈME.

ALBERT, ÉDOUARD, ROSTOPFACHE.

ROSTOPFACHE (entrant), (*accent Marseillais*).

Maître Albert, je vous salue.

ALBERT.

Pas encore, M. Rostopfache; mais espérons que cela viendra.

ROSTOPFACHE à Édouard.

Monsieur...

ÉDOUARD.

Monsieur le marquis d'Édouard.

ROSTOPFACHE.

Vous êtes sans doute le frère de monsieur?

ÉDOUARD.

Non, monsieur, je n'ai pas ce bonheur. Je ne suis que son cousin. (A part.) Il est de Marseille.

ROSTOPFACHE.

Et vous faites aussi dans les lois?

ÉDOUARD.

Étudiant en médecine, pour vous servir. Faisant le métier par goût, par amour de la science, et si je puis vous être bon à quelque chose... Vous êtes de Marseille, monsieur?

ROSTOPFACHE.

Et je m'en flatte.

ALBERT.

Vous pouvez alors nous donner des nouvelles de M. Gondrecourt?

ROSTOPFACHE.

Attendez donc, Gondrecourt, connais pas! Marseille est si grand, monsieur.

ÉDOUARD.

Plus grand que Paris.

ROSTOPFACHE.

C'est possible.

ÉDOUARD (avec ironie.)

Connaissez-vous la Cannebière?

ROSTOPFACHE.

Si je la connais, la Cannebière! si e connais la Cannebière! Ah! monsieur, quel Marseillais ne connaît la Cannebière! Mais pardon, maître Albert, le travail est-il terminé, et puis-je avoir confiance dans la bonté de ma cause?

ALBERT.

Oui, monsieur, toutes vos pièces sont préparées. Les voici. Je crois que le bon droit est de votre côté. Je ne vous conseille pas cependant de plaider; car les procès sont toujours ruineux. Si vous pouvez en venir à une conciliation, ce sera beaucoup mieux. Je ne doute nullement que votre adversaire ne consente à cela, quand vous aurez publié vos documents. J'ai tâché d'être clair, tout en étant précis.

ÉDOUARD.

(A part.) Imbécile! A-t-on jamais vu un avocat qui conseille à son client de ne pas plaider?

ROSTOPFACHE.

Merci, maître Albert. Et pouvez-vous me dire le montant de la consultation?

ALBERT.

Monsieur, c'est la première fois qu'il m'arrive de travailler de cette manière. Le bonheur de servir un voisin, croyez-le bien, me paie assez.

ÉDOUARD.

(A part.) Double imbécile, va.

ROSTOPFACHE.

Encore une fois, merci, monsieur. Et si je puis vous être bon à quelque chose, à quelque heure que ce soit, frappez à ma porte.

ÉDOUARD (à part).

Oui, frappez, l'on vous ouvrira, mais demandez, —

bernique ! (A Rostopfache.) Mais monsieur, je reviens à M. Gondrecourt. — Fouillez dans vos souvenirs, ne connaissez-vous pas quelqu'un de ce nom à Marseille ?

ROSTOPFACHE.

J'ai beau chercher, je ne trouve pas. C'est votre parent, messieurs ?

ALBERT.

C'est notre oncle. Un cher homme qui a pris soin de notre enfance et de notre éducation.

ROSTOPFACHE.

Que vous devez l'aimer !

ÉDOUARD.

Nous l'aimerions encore plus, s'il n'avait pas d'enfants. Conçoit-on un oncle qui s'amuse à avoir des enfants, (à part) quand il a des neveux ?

ROSTOPFACHE.

(A part.) Le gueux ! (Haut.) Je ne comprends pas trop bien.

ALBERT.

Ne faites pas attention à ces paroles, M. Rostopfache. Histoire de rire : voilà tout.

ROSTOPFACHE.

Allons, messieurs, je vous quitte, songez à ce que je vous ai dit, maître Albert. Du reste, vous aurez de mes nouvelles. (Il sort.)

ALBERT.

Moi, il faut aussi que je sorte un peu. Edouard, vous me trouverez chez Eugène. Adieu.

SCÈNE CINQUIÈME.

ÉDOUARD, WILLIAM, LE BOTTIER.

WILLIAM.

Monsieur, monsieur, voilà votre bottier qui arrive.

ÉDOUARD.

Tu connais mes prescriptions... De l'adresse. Moi, je rentre un instant. (Il rentre).

WILLIAM au bottier qui entre.

Doucement, monsieur. Doucement, le marquis est encore au lit.

LE BOTTIER.

Diable, ceci ne ressemble pas du tout à la maison d'un marquis.

WILLIAM.

Je vous l'ai déjà dit : le marquis Édouard de Gondrecourt travaille pour ses plaisirs. Il n'aime pas le faste, c'est son genre.

LE BOTTIER.

Le verrai-je, car vous savez que je n'ai pas de temps à perdre.

WILLIAM.

Monsieur le marquis, c'est votre bottier qui arrive.

ÉDOUARD.

(Au dedans). Je viens. (Rentrant). Salut à vous, monsieur. Si je suis noble, votre profession est noble aussi ; sans cela, que serions-nous ! Si par votre art, votre habileté vous n'emprisonniez pas nos pieds pour les permettre de fouler la terre, que deviendraient nos pieds si souples, si élégants, et dont nous sommes si fiers !

LE BOTTIER.

(A part) Il est plein de belles manières. (Haut). Mille remercîments, monsieur le marquis. J'ai rencontré peu d'hommes comme vous parmi mes pratiques, et je serai heureux de vous servir.

ÉDOUARD.

Voici ce dont il s'agit. William, j'entends quelqu'un sur le carré, regarde.

WILLIAM regardant.

Votre voisin, monsieur Rostopfache.

ÉDOUARD.

Cet homme m'espionne. Eh bien ! j'ai besoin de deux paires de bottes pour demain à midi.

LE BOTTIER.

Vous les aurez, monsieur le marquis.

ÉDOUARD.

Tout ce qu'il y a de mieux.

LE BOTTIER.

Vous en jugerez demain.

ÉDOUARD.

Peu m'importe le prix, pourvu que cela soit du bon. Des bottes vernies, dernier genre. William, fais voir à monsieur une de mes bottes, afin qu'il m'en fasse de pareilles.

WILLIAM.

Voici, voici.

ÉDOUARD.

Vous plaît-il que j'envoie cet échantillon chez vous par mon laquais ?

LE BOTTIER (prenant la botte).

(A part.) Quelle courtoisie ! (Haut.) Monsieur, je ne suis pas fier, je l'apporterai bien moi-même.

ÉDOUARD.

Mais rappelez-vous qu'il me faut deux paires, deux paires, c'est le principal. C'est une surprise que je veux faire à un de mes amis. — Si malheureusement, vous ne m'apportiez qu'une paire, je me verrai obligé de vous la refuser.

LE BOTTIER.

Fiez-vous à moi.

EDOUARD.

Que je vous reconduise. (Le bottier sort.) Diable, ce M. Rostopfache qui s'empare de mon bottier et le fait entrer chez lui. Ce n'est pas clair, il y a quelque chose là dessous. Prenez garde de vous faire tirer les oreilles, M. Rostopfache.

SCÈNE SIXIÈME.

ÉDOUARD, WILLIAM, LE TAILLEUR.

LE TAILLEUR (entrant.)

N'est-ce point ici la demeure de M. le marquis Édouard de Gondrecourt? Tiens, je ne me trompe pas, voici le laquais.

ÉDOUARD.

Oui monsieur, vous y êtes, et le marquis est votre très-humble serviteur.

LE TAILLEUR (s'inclinant).

Je le disais bien à cette péronnelle que j'ai rencontrée à la porte. On n'est pas savant, mais on sait lire, mais cette portière me parlait d'étudiants en droit et en médecine.

ÉDOUARD.

Oui, monsieur. La portière ne vous a point trompé.

Oui, je suis étudiant en médecine. Soulager les malheureux a été toujours l'occupation constante de ma vie. Il y a tant de charlatans dans ce bas monde, et c'est pour ne pas m'adresser à ces chevaliers d'industrie que je me suis jeté à corps perdu dans la médecine, voulant par moi-même sonder les plaies de l'infortune et y porter un remède salutaire. Je traite pour rien, monsieur, et s'il vous prenait envie de devenir malade, je suis tout à votre service.

LE TAILLEUR.

(A part.) Merci de la préférence. —(Haut.) Vous grandissez à mes yeux, monsieur le marquis ; je vois que l'éloge de vos belles qualités que m'a fait votre laquais n'est pas outré.

ROSTOPFACHE (entrant.)

Pardon, monsieur le marquis, mais j'agis en voisin, vous plairait-il de m'indiquer un bon tailleur ?

ÉDOUARD.

(A part.) Encore ce monsieur Rostopfache ! (Haut et montrant le tailleur.) Vous voici servi à souhait.

ROSTOPFACHE.

Monsieur est du métier ?

LE TAILLEUR.

Pour vous servir.

ROSTOPFACHE.

Si vous vouliez me faire le plaisir de monter au quatrième en sortant d'ici.

LE TAILLEUR.

Ce sera comme voudrez. Décidément, vous me portez bonheur, monsieur le marquis.

ROSTOPFACHE va pour sortir.

(Et revient.) Si je ne craignais d'abuser de votre complaisance, je vous prierais de me prêter votre groom pour un instant; une petite commission, tout près, dans le quartier.

ÉDOUARD.

(A part.) Mon bottier, mon tailleur, mon groom, décidément, cet homme m'en veut! (Haut.) Usez, monsieur, usez. William, va-t-en. (Rostopfache et William sortent.) Je crois que si le diable était ici, il me le demanderait aussi. Eh bien! monsieur le tailleur, il me faut pour demain à midi, une redingote, un habit et deux pantalons.

LE TAILLEUR.

Il paraît que c'est pressé.

ÉDOUARD.

Oh! très pressé, je vous jure! M'aurait-on trompé sur votre grande célérité? Cela me contrarie un peu.

LE TAILLEUR.

Tout ce que l'on vous a dit de moi est vrai. Je ne perds pas mon temps; cependant j'en ai d'autres à servir.

ÉDOUARD.

Alors, disons que nous n'avons rien arrêté.

LE TAILLEUR.

Cependant, je tiens à vous satisfaire, et si vous pouviez m'accorder une heure en plus....

ÉDOUARD.

Et à une heure précise, le tout serait rendu chez moi? Vous arriveriez avec votre note, et mon laquais vous paierait. Ne craignez rien, la caisse n'est pas encore vide.

LE TAILLEUR.

Vous me faites injure, monsieur, je suis l'exactitude même, et, quand je promets, ce n'est pas en vain.

ÉDOUARD.

J'aime à vous entendre parler de cette manière.

LE TAILLEUR.

Eh bien ! je me mets en devoir de vous servir. De quelle couleur les vêtements ?

ÉDOUARD.

L'habit noir, la redingote *idem*. Pour les deux pantalons, je veux ce qu'il y a de mieux en fait de fantaisies parisiennes. Je compte sur votre goût.

LE TAILLEUR.

S'il vous plaît, monsieur le marquis, que je prenne votre mesure.

ÉDOUARD (avec étonnement.)

Prendre ma mesure ?

LE TAILLEUR.

Mais il me semble, monsieur, qu'on ne peut agir différemment quand on désire être habillé.

ÉDOUARD.

Monsieur, avez-vous entendu parler quelquefois de ce brave Porthos, de ce titan fameux qui est mort écrasé sous une voûte ?

LE TAILLEUR.

Porthos, connais pas.

ÉDOUARD.

Il s'appelait mieux Du Vallon de Bracieux de Pierrefonds. Il avait pour tailleur Molière, le grand Molière, le même qui amusa tout le siècle de Louis XIV par ses belles comédies.

LE TAILLEUR.

Comment, Molière a été tailleur ?

ÉDOUARD.

C'est l'exacte vérité. Noble métier comme vous voyez. Eh bien ! pour en revenir à ce brave Porthos, il ne pouvait souffrir que son tailleur lui prît la mesure, car vous comprenez, c'est vexant que de rester là, les bras croisés, et sentir un papier qui vous toise des pieds à la tête.

LE TAILLEUR.

Comment donc faut-il s'y prendre ? Votre Porthos risquait tout au plus de porter ses habits, ou trop longs ou trop courts. Il ne tenait donc pas à la mode ?

ÉDOUARD.

Au contraire, il y tenait beaucoup, et voici le plus beau de l'affaire. Il imagina de se mettre vis-à-vis d'une grande glace, et son tailleur dessinait les contours de sa taille sur la glace. C'est ingénieux, comme vous voyez, c'est M. Dumas qui raconte cela dans ses livres.

LE TAILLEUR.

M. Dumas était donc du siècle de Louis XIV pour raconter tout cela si bien ?

ÉDOUARD.

Non, M. Dumas vit encore. — Il sait tout cela par traditions.

LE TAILLEUR.

C'est merveilleux, mais ici je ne vois pas de glace ! il est donc impossible d'employer cet expédient.

ÉDOUARD.

C'est vrai, je n'y avais pas songé. Mes vieux habits pourraient-ils servir de modèle ?

LE TAILLEUR.

C'est encore un moyen pour empêcher le mesurage.
(William rentre).

ÉDOUARD.

William, remets à monsieur un de mes habits et un

de mes pantalons (William les donne.) Ainsi donc, monsieur, demain à une heure.

LE TAILLEUR.

A une heure précise.

ÉDOUARD.

N'oubliez pas de faire votre note en revenant.

LE TAILLEUR.

Oh ! non, monsieur. (Il sort.)

SCÈNE SEPTIÈME.

ÉDOUARD, WILLIAM.

ÉDOUARD.

La commission de monsieur Rostopfache

WILLIAM.

Est faite, monsieur.

ÉDOUARD.

Ne mens-tu pas, au moins ? Allons, tu n'es pas gamin de Paris pour rien. Qu'as-tu remarqué sur le compte de cet homme ? N'espionne-t-il pas ma conduite ? Pourquoi faire monter mon bottier chez lui ?

WILLIAM.

Apparemment, parce qu'il a besoin de bottes.

ÉDOUARD.

Oh ! on ne peut mieux répondre ; mais je te l'avoue, ce M. Rostopfache me tient au cœur. Est-ce un nom, cela, Rostopfache ?

WILLIAM.

Un nom qui prête à la plaisanterie.

ÉDOUARD.

Ta commission a-t-elle été payée ?

WILLIAM.

Pas un sou, je crois qu'il ladre cet homme.

ÉDOUARD.

(A part.) Allons, puisqu'il n'a pas ouvert sa bourse, c'est qu'il ne désire pas le gagner. Je suis tranquille sur ce point. Au fait pourquoi ce Rostopfache me surveillerait-il ? Il n'a rien à démêler avec moi, car je ne le connais ni d'Adam, ni d'Eve. (Haut.) William, je sors, je rentrerai fort tard; il se peut même que je ne rentre pas ce soir, mais demain, je serai ici. Avant mon arrivée, tu iras chez le bottier et le tailleur. N'oublie pas, j'attends le premier à midi et le second à une heure.

SCÈNE HUITIÈME.

WILLIAM seul.

Oui, va et ne rentre pas du tout. Ah ! Monsieur Édouard, vous voulez savoir si M. Rostopfache m'a donné de l'argent. Oui, et une belle pièce d'or encore, regardez. Il fait les choses très-bien ce monsieur. Il désire avoir des renseignements sur vous : il paie votre laquais. C'est dans l'ordre. Il est très-perspicace, mon maître ! d'un coup-d'œil, il a vu que Rostopfache s'intéresse à lui. Ah ! Diable ! Si M. Édouard sait que j'ai parlé, je cours mauvaise chance ! mais qui le lui dira? Allons, mon maître est sorti pour tout le jour. Je ne vois pas ce que je ferais ici, d'autant plus que la bourse est garnie, bien garnie : sur ce, messieurs et dames, je vous quitte.

(Le rideau baisse.)

ACTE DEUXIÈME.

SCÈNE PREMIÈRE.
ROSTOPFACHE, ALBERT.

ROSTOPFACHE.

Monsieur Albert, vous me plaisez sous tous les rapports, vous m'avez servi avec tant de zèle, tant de bonne foi, que je vous avoue franchement, que mon adversaire, celui avec qui j'ai des difficultés est M. Gondrecourt de Marseille.

ALBERT.

Mon oncle!

ROSTOPFACHE.

Lui-même.

ALBERT.

Et cependant vous m'avez assuré hier que vous ne le connaissiez pas du tout.

ROSTOPFACHE.

C'est vrai, je voulais me présenter à vous comme un étranger, afin que vous n'eussiez aucun soupçon. En vous faisant cet aveu, je pouvais peut-être vous empêcher de juger cette affaire en homme loyal, comme vous l'avez fait. Du reste, votre oncle est de mes amis, de mes amis intimes. Mon but n'est point de lui intenter un procès, mais muni des pièces que vous avez rédigées vous-même, je lui ferai voir que le bon droit n'est pas de son côté.

ALBERT.

Peut-être m'en voudra-t-il? Dites-lui, monsieur, que j'ignorais parfaitement qu'il fût votre adversaire.

ROSTOPFACHE.

Ne craignez rien. M. Gondrecourt est trop homme de bien pour vous faire un crime de votre loyauté et de votre franchise. D'ailleurs, je vous le dis franchement, j'aimerais mieux renoncer à mes droits que d'avoir un procès avec mon ami.

ALBERT.

Mais revenons à mon oncle. Vous pouvez me donner de ses nouvelles. Quoique je reçoive souvent de ses lettres, je voudrais entendre de votre bouche même qu'il se porte bien.

ROSTOPFACHE.

Quand j'ai laissé Marseille, votre oncle se préparait à partir pour Bordeaux. Il devait y séjourner quelques jours et se rendre à Paris, où, définitivement, nous entendre sur l'objet de nos contestations. Et tenez, je ne vous le cache pas, c'est aujourdhui 22 septembre : il sera à Paris aujourd'hui même.

ALBERT.

Ah ! monsieur ! que je suis aise d'apprendre cela ! que je suis heureux de prouver à mon oncle que les sacrifices qu'il a faits pour moi n'ont pas été perdus ! Que mon bonheur serait grand, monsieur Rostopfache, si, à l'arrivée de mon oncle, je pouvais lui présenter mon diplôme de docteur en droit. Ma thèse a déjà été examinée, et c'est aujourd'hui même que les examinateurs doivent prononcer.

ROSTOPFACHE.

Allons, espérez. Quand on a bien travaillé, il faut avoir confiance dans ses forces.

ALBERT.

Et puis, monsieur, je ne vous le déguise point, je voudrais être digne un jour d'aspirer à la main de ma

ACTE II.

cousine ; je l'ai laissée longtemps, il est vrai, nous étions encore enfants, mais mon cœur bat encore chaque fois que je prononce son nom.

ROSTOPFACHE.

Peste! mon cher, vous n'avez pas mauvais goût. Dix-huit ans, de la beauté, comme on en voit rarement, une modestie à toute épreuve, une bonne éducation, voilà le portrait de votre cousine. Croyez-le bien, Albert, permettez-moi de vous nommer ainsi, je me fais fort de causer de cela avec Gondrecourt et d'obtenir pour vous la main de mademoiselle Léontine : ce sera le prix des services que vous m'avez rendus.

ALBERT.

Tant de bonheur est-il possible?

ROSTOPFACHE.

Pourquoi pas, mon cher. Mais je ne vois pas votre cousin. Il est sorti?

ALBERT.

Oui, monsieur.

ROSTOPFACHE.

Entre nous, Albert, dites-moi la vérité, Édouard n'est pas rentré d'hier.

ALBERT.

Comment le savez-vous?

ROSTOPFACHE.

Ne pensez-vous pas que je sois assez l'ami de votre oncle pour surveiller ses neveux. Je ne voudrais avoir que de bonnes notes à lui donner, mais c'est impossible. Depuis que je suis ici, Édouard n'a pas fait un geste, un signe que je n'en sois tout de suite informé. C'est un mauvais sujet, il perd son temps à Paris, je conseillerai Gondrecourt de l'amener en province.

ALBERT.

Vous vous trompez, monsieur. Édouard aime les

plaisirs, mais c'est un bon cœur, il se corrigera, il reviendra à la raison.

ROSTOPFACHE.

En attendant le plus sûr est de l'emmener à Marseille. Vous n'étiez pas ici hier, Albert, quand il a fait venir dans cette chambre un bottier et un tailleur?

ALBERT.

Non, mais je savais qu'il les attendait.

ROSTOPFACHE.

Édouard a recommandé au bottier deux paires de bottes, au tailleur, un habit, une redingote et deux pantalons, et je sais de bonne source qu'il est incapable de payer ces fournitures. Comment fera-t-il pour sortir de ce pas? Est-ce là la conduite d'un gentilhomme?

ALBERT.

Je vous l'avoue, monsieur, Édouard fait des folies.

ROSTOPFACHE.

Que je ferai cesser à l'arrivée de votre oncle. Monsieur Albert, n'en doutez pas, votre travail et votre belle conduite recevront leur récompense. Édouard, lui, au lieu de suivre votre exemple s'amuse à fréquenter des jeunes gens tapageurs, à faire des duperies, tout en se donnant de grands airs : il lui faut un laquais, il s'attache un gamin de Paris à qui il donne le nom de William pour mieux singer l'Anglais. Je suis bien informé, allez.

SCÈNE DEUXIÈME.

ROSTOPFACHE, ALBERT, WILLIAM.

ROSTOPFACHE.

William, rentrez et venez nous donner des nouvelles de votre maître.

WILLIAM (sans voir Albert.)

Depuis hier, je ne l'ai pas vu. Mais il ne peut tarder à rentrer; car, comme vous le savez, son rendez-vous est pour midi. M. Albert !

ROSTOPFACHE.

Ne craignez rien, Albert est des nôtres. Mais j'entends la voix d'Édouard, je monte, et vous laisse avec lui.

WILLIAM (à part.)

Moi, je ne resterai pas pour me faire rosser. Allons plutôt faire enrager madame Médor.

(Il sort).

SCÈNE TROISIÈME.
ALBERT, ÉDOUARD.

ALBERT.

Comment, Édouard, vous n'avez pas honte de votre conduite, c'est à présent que vous rentrez !

ÉDOUARD.

Allons, monsieur Albert, vous m'ennuyez à la fin avec vos reproches ; après tout, je suis mon maître. Enfin je vous préviens que c'est la dernière fois que vous aurez à me faire de pareilles remontrances ; car si je viens ici, c'est uniquement pour faire mes préparatifs, pour enlever ce qui m'appartient dans cette chambre, car ce soir je n'aurai point l'honneur de me coucher ici.

ALBERT.

Non, vous n'enlèverez rien d'ici et vous ne quitterez point cette chambre. Je vous empêcherai de commettre des folies.

EDOUARD.

Ah! vraiment, monsieur le docteur en droit, et de quel droit ?

ALBERT.

Du droit que j'ai à vous porter à respecter le nom de Gondrecourt.

ÉDOUARD.

Mais vraiment, des explications me seraient nécessaires. Et depuis quand ai-je souillé le nom que je porte?

ALBERT.

Si vous ne l'avez pas fait, vous êtes sur le point de le faire. Ecoutez. M. Rostopfache vient de m'avouer qu'il est l'ami intime de notre oncle. Depuis qu'il est ici, il surveille votre conduite, et bien des fois, m'a-t-il dit, il en a rougi.

ÉDOUARD.

Je l'avais bien pensé. Il me moucharde cet homme! où est-il pour que je lui propose de se faire sauter la cervelle avec moi?

ALBERT.

Il n'est pas encore arrivé à ce degré de folie.

ÉDOUARD.

Ah! vous appelez cela folie. — Moi j'appelle lâche celui qui agit différemment. Qui donne le droit à cet homme de me moucharder comme il le fait. Fi donc! quel métier!

ALBERT.

L'amitié qui le lie à notre oncle.

ÉDOUARD.

Oui, amitié. Et qu'appelez-vous amitié par le temps qui court? Ce noble sentiment, n'est-ce pas, qui porte les hommes à se servir, à s'aider mutuellement dans le malheur, c'est ce que vous trouverez dans les livres de morale qu'on fait apprendre à l'école aux enfants. Dans le monde, M. Albert, l'amitié est un faux semblant de sentiment. Deux amis sont deux hommes qui se saluent intimement, qui s'embrassent même quelquefois, qui se promettent secours et protection et qui, quand ils se quittent, se cachent mutuellement, prêts à se frapper du poignard de Judas qu'ils cachent tous deux sous leurs vêtements.

ALBERT.

Voilà de la philosophie toute nouvelle pour moi.

ÉDOUARD.

C'est la vérité, mais cette philosophie, vous ne la trouverez ni dans Géruzez, ni dans Cousin, ni dans Laromiguière; mais dans le monde, vous la trouverez partout.

ALBERT.

Dites dans le monde que vous fréquentez; mais ce n'est pas le moment de faire des phrases, Édouard. Je ne vous quitte pas d'aujourd'hui et je vous préviens qu'aussitôt votre tailleur et votre bottier arrivés, je leur dis que vous n'avez pas de quoi payer et je les renvoie avec leurs fournitures.

ÉDOUARD.

(A part.) Ah ! me voilà perdu, et je manquerai cette soirée.

ALBERT.

Car c'est affreux ce que vous faites, et je ne vous laisserai pas tomber tout à fait dans le vice.

ÉDOUARD.

Dans le vice, le mot est fort.

ALBERT

Vous vous l'êtes attiré.

ÉDOUARD.

Ah ! pourquoi êtes-vous mon cousin, Albert, vous ne me diriez pas ce mot une deuxième fois.

ALBERT.

Je vous fais de la peine ?

ÉDOUARD.

Surtout quand je ne l'ai pas mérité. Ecoutez Albert. Depuis hier, j'ai pris la ferme résolution de me mettre au travail, afin d'arriver à obtenir mon diplôme de docteur. Car, je vous l'avoue, cette vie que j'ai menée jusqu'ici me fatigue et ruine ma santé. Et si je veux quitter ce logement, c'est décidément parce que je viens d'obtenir de M. Vernier une place à l'hôpital qu'il dirige. J'y ferai mon logement. Mon cœur est encore bon, Albert ; hier soir, il est vrai, je ne suis pas rentré. Des amis m'ont encore emporté et m'ont fait passer une nuit détestable, une nuit de débauches. Mais, une fois placé à l'hôpital, je ne les verrai plus, ces faux amis. Je ne sortirai jamais, et, dans peu, je réparerai tout le temps que j'ai perdu.

ALBERT.

Est-ce bien la vérité que vous dites là, Édouard ?

ÉDOUARD.

Me prenez-vous donc pour un menteur ? Enfin ce matin j'ai été chez mon bottier et mon tailleur et leur ai annoncé que je ne prendrais plus les effets. Ils se sont fâchés un peu, il est vrai, mais j'ai fini par leur faire entendre raison.

ALBERT.

Mais pourquoi êtes-vous rentré avec des dispositions qui semblaient si peu pacifiques ?

ÉDOUARD.

Je comptais vous surprendre, mon cher. Je me suis emporté, j'en conviens, quand vous m'avez si rudement bousculé.

ALBERT.

Donnez-moi la main, Édouard, et Dieu veuille que

désormais je n'aie que des louanges à vous donner.

ÉDOUARD.

Et puis je vous dirai encore : ce qui m'a mis si fortement en colère, ce sont les moucharderies de ce Rostopfache. Il me déplaît souverainement.

ALBERT.

Encore ce mot. Quand vous apprendrez à connaître cet homme, vous l'estimerez. Il vous porte véritablement grand intérêt.

ÉDOUARD.

(A part.) L'heure approche. (Haut.) Tenez, Albert, vous deviez vous convaincre de ce que je viens de vous dire. Allez chez Eugène ; demandez-lui de mes nouvelles, et il vous racontera mon entrevue avec M. Vernier, car c'est chez lui qu'elle a eu lieu.

ALBERT.

Je vous crois, mon cher. Cependant j'irai chez Eugène. Il me sera doux de l'entendre répéter la noble résolution que vous avez prise. Ah! une bonne nouvelle à vous annoncer : aujourd'hui nous aurons le plaisir de voir notre oncle.

ÉDOUARD.

Qui vous l'a dit?

ALBERT.

Monsieur Rostopfache.

ÉDOUARD.

Mais comment le sait-il?

ALBERT.

Il faut que je vous dise que l'adversaire de M. Rostopfache n'est autre que notre oncle. Il m'avait caché cela à dessein afin de savoir mon opinion sur la difficulté qui les divise. Maintenant que je lui ai donné raison, il m'a tout avoué, et m'a prévenu que lui et mon oncie se sont donné rendez-vous à Paris, aujourd'hui 22 septembre, pour s'entendre définitivement.

ÉDOUARD.

Allons, plus que jamais il faut que je me presse. Je désire que mon oncle me trouve à l'hôpital (à part.) mais pas sur le grabat.

ALBERT.

Adieu.

SCÈNE QUATRIÈME.

ÉDOUARD seul.

Oui, adieu ! croyez à mes blagues. Moi je n'ajoute pas foi aux vôtres. Mon oncle arrive. Blague, Albert, je n'y mordrai pas. Vous vous êtes entendu avec M. Rostopfache, voilà tout. Je ne suis plus un enfant. — Mais si c'était la vérité, s'il prenait envie à mon oncle de laisser la vente de ses huiles pour venir se promener à Paris. Venez, M. Gondrecourt, mais vous aurez beau faire, vous ne trouverez pas mon adresse. Moi, aller à l'hôpital ! c'est bon pour les malades, et Dieu merci, je suis en bonne santé.

SCÈNE CINQUIÈME.

ÉDOUARD, WILLIAM, puis MADAME MÉDOR.

ÉDOUARD.

William ! (Il paraît.)

WILLIAM.

Monsieur.

ÉDOUARD.

Allons, vite. Il n'y a pas de temps à perdre. Arrange

ACTE II. 43

mes malles, fais-y rentrer mes livres, mes papiers, et fais venir un commissionnaire. Dans un moment je déménage.

WILLIAM.

Vous partez, monsieur, sans faire des adieux à votre cousin !

ÉDOUARD.

Allons, travaille, et ne t'occupe pas de mes affaires.

MADAME MÉDOR (entrant.)

Monsieur Édouard, monsieur Édouard, un grand malheur !

ÉDOUARD.

Qu'est-ce, madame Médor ? Les Russes se seraient-ils emparés de Paris ?

MADAME MÉDOR.

Il y a de quoi mourir de chagrin : c'est affreux ! Et dire que ce matin, ils étaient encore dans ma loge ! C'est la faute aussi de M. Médor ! Pour avoir abandonné ma loge un seul instant, je reviens et je retrouve... c'est-à-dire que je ne retrouve plus Fortuna et mon petit Médor. Perdus ! Perdus à tout jamais.

ÉDOUARD.

Allons, ne vous lamentez pas, madame Médor. Vous les retrouverez, ces chers enfants.

MADAME MÉDOR.

Retrouver, retrouver ! le mot est facile à dire, monsieur Édouard ! Ciel est-il possible ! mon Médor, mon Médor que j'aime tant ! ma Fortuna dont le caquet était si agréable !

WILLIAM (à part.)

Pourvu qu'elle ne s'avise pas de les chercher dans la chambre.

MADAME MÉDOR.

Comme je vous le disais hier, je prévoyais un grand malheur. Et c'est moi que ce malheur devait frapper. Mais que vois-je ? Pourquoi ces préparatifs ? Vous partez, monsieur ?

ÉDOUARD.

Oui, madame, je me transporte à l'hôpital de M. Vernier : c'est ma nouvelle demeure. Mes études demandent ce sacrifice et je me décide à le faire.

MADAME MÉDOR.

On a bien raison de dire qu'un malheur n'arrive jamais seul. Vous perdre, monsieur Édouard, après avoir perdu mon chien et mon perroquet ! Je ne m'en consolerai jamais ! En un jour trois !...

ÉDOUARD.

(A part.) Décidément cette femme n'a jamais appris l'addition. Elle ne sait pas qu'on n'ajoute que des êtres de même espèce. (Haut.) Mais je viendrai voir souvent mon cousin, et j'aurai le plaisir de causer avec vous en venant ici.

MADAME MÉDOR.

Hélas ! si ce n'était qu'un seul ! monsieur Édouard, vous qui êtes si fort sur la médecine, ne pourriez-vous pas m'aider à retrouver Médor et Fortuna ?

ÉDOUARD.

La médecine n'a pas encore inventé un moyen pour faire retrouver les objets perdus.

MADAME MÉDOR.

Mais le magnétisme, n'est-ce pas aujourd'hui une partie inhérente à la médecine ? Ne pouvez-vous pas m'aider par le magnétisme ? On dit que c'est infaillible.

ÉDOUARD (à part.)

Elle ne s'en ira donc pas, et l'heure approche. (Haut.)

Oui, je m'en occuperai, madame. Mais pour cela il faut un sujet et... nous n'en avons pas ici.

MADAME MÉDOR.

Je me dévouerai, je me dévouerai.

ÉDOUARD.

Autre difficulté, car il ne faut pas que le sujet soit intéressé dans l'affaire. C'est une condition *sine quâ non*.

MADAME MÉDOR.

Mais votre laquais William pourra nous aider à sortir de ce pas difficile. Si vous commenciez à opérer sur lui.

WILLIAM (à part.)

Le plus souvent que je me dénoncerai moi-même.

ÉDOUARD.

Eh ! bien parle, William, es-tu disposé ?

WILLIAM.

Oh ! moi, monsieur, j'ai peur de toutes ces simagrées.

MADAME MÉDOR.

Allons, mon petit William, fais donc un effort, oblige ta bonne amie, oublie les petites difficultés que nous avons eues ensemble.

WILLIAM.

Madame Médor, j'entends la voix de M. Médor dans l'escalier ; il vous appelle.

MADAME MÉDOR.

Il perd du temps, le pauvre homme ! il faut absolument que je trouve Médor et Fortuna. (Une voix au dehors.) « Ma femme, mon amie, c'est Médor et Fortuna que je retrouve. (Madame Médor sort en courant et revient un instant après, tenant et embrassant le chien et le perroquet.)

WILLIAM (à part.)

Cependant je les avais bien liés.

ÉDOUARD.

As-tu fini, William?

WILLIAM.

Comme vous voyez monsieur.

ÉDOUARD.

Descends maintenant et prépare un commissionnaire que tu feras attendre tout près d'ici. Dans un moment, il sera temps de partir. (William va pour sortir, mais il en est empêché par madame Médor.)

MADAME MÉDOR (rentrant.)

Reste, reste, petit monstre, il n'est que toi pour faire de pareils traits. Médor t'a vu, il y a un instant, jouant avec ces chers animaux. Tenez, M. Édouard, voyez encore la corde qui liait mon petit chien. C'est votre laquais William qui m'a fait la farce, et j'en demande réparation.

WILLIAM.

Madame Médor!

MADAME MÉDOR.

Oh! pourquoi M. Albert est-il absent? Je lui ferais rédiger contre toi un procès-verbal en forme.

ÉDOUARD.

Allons, calmez-vous, madame Médor et retournez à votre loge. Une autre fois vous surveillerez mieux ces chers animaux. William, va faire ma commission.

(William sort.)

MADAME MÉDOR (s'en allant.)

Oh! comme ils sont heureux de se revoir! Et moi donc! Et moi donc!

SCÈNE SIXIÈME.

ÉDOUARD, LE BOTTIER portant les deux paires de bottes.

LE BOTTIER.

Vous voyez que je suis exact, M. le marquis.

ÉDOUARD.

Du côté de l'exactitude, c'est à merveille. Voyons maintenant le travail (examinant les bottes.) Oh ! parfait ! parfait ! (S'asseyant pour les mesurer.) Voyons, passez-moi une paire; plus j'examine votre travail, plus je le trouve à ma convenance. Vous pouvez compter sur ma protection. Je vous fais avoir une clientelle monstre. Vous chausserez tous mes amis, (faisant entrer le pied droit.) Oh ! vraiment, c'est prodigieux ! cela me prend comme un gant ! (Il fait des efforts pour faire entrer le pied gauche.) Diable ! diable ! voilà qui devient embarrassant. Ce maudit pied gauche ne veut pas entrer.

LE BOTTIER.

Pesez, pesez ferme, monsieur.

ÉDOUARD.

C'est que je ne voudrais pas déchirer la marchandise. Et puis, voyez-vous, je souffre horriblement des cors du pied gauche et j'aime que ce pied soit chaussé amplement.

LE BOTTIER.

Oh ! cela peut s'arranger parfaitement, monsieur. Dans un moment, je puis arriver dans ma boutique, forcer ce pied et vous le rapporter avant la nuit.

ÉDOUARD.

J'allais vous proposer cet expédient quoique cela me contrarie un peu; mais venez vite, je vous en prie.

LE BOTTIER.

Comptez sur moi. Mais mesurez l'autre paire, peut-être pourra-t-elle vous convenir?

ÉDOUARD.

Voyons d'abord ce pied gauche, ce rebelle pied gauche (il fait entrer le pied gauche.) Ah ! voilà qui fait bien ! (Il fait des efforts pour faire entrer le pied droit.) Allons, le pied droit est en pleine rébellion maintenant. C'est qu'il ne veut pas entrer; ils ont changé de rôle.

LE BOTTIER.

C'est étonnant. Ce sont cependant les mêmes formes qui ont fait ces deux paires de bottes.

ÉDOUARD.

Bizarrerie de la nature, mon cher ami.

LE BOTTIER.

Mais, monsieur, ce n'est pas la nature qui agit dans cette circonstance.

ÉDOUARD.

C'est vrai, mais ce n'en est pas moins une bizarrerie. C'est contrariant, tout de même. Je puis manquer ma gageure.

LE BOTTIER.

Eh bien ! Il ne faut pas que je perde du temps. Je vous laisse ici le pied droit de la première paire et le pied gauche de la deuxième et, à cinq heures, vous pouvez m'attendre.

ÉDOUARD.

A cinq heures soit. Et combien?

LE BOTTIER.

Cent francs.

ÉDOUARD.

Cent francs, c'est bien. A votre retour, vous serez payé.

(Le bottier sort.)

SCÈNE SEPTIÈME.

ÉDOUARD (seul).

Allons, me voilà chaussé. Conçoit-on cette chance ! cela a marché comme sur des roulettes. Il n'a fallu aucun effort d'imagination pour le décider à laisser ici cette paire de bottes. Bon, voici le tailleur.

SCÈNE HUITIÈME.

ÉDOUARD, LE TAILLEUR.

LE TAILLEUR.

Monsieur, voici vos fournitures.

ÉDOUARD, examinant les pantalons.

Oh ! mon Dieu ! quelle bêtise j'ai faite de ne vous avoir pas prévenu. Je voulais des sous-pieds à un de ces pantalons. C'est particulièrement pour monter à cheval.

LE TAILLEUR.

Mais il n'est pas trop tard, cela peut s'arranger à la minute.

ÉDOUARD.

Je paierai un peu plus s'il le faut. Mais cela m'est absolument nécessaire.

LE TAILLEUR.

Cela ne change rien au prix, monsieur le marquis ; mais voyez l'habit et la redingote, vous conviennent-ils ?

ÉDOUARD (les prenant.)

Ah ! mon cher, vous travaillez à merveille (passant l'habit.) Hein ! comment trouvez-vous ça ? bien, n'est-ce pas ? (Otant l'habit et passant la redingote.) Je vois, mon ami, que vous avez l'habitude de travailler pour des gens comme il faut. Maintenant votre note ?

    LE TAILLEUR (lui présentant sa note.)

Voyez, monsieur le marquis.

      ÉDOUARD.

Un habit noir, cent vingt francs, une redingote, cent vingt francs, deux pantalons, cent vingt francs, total trois cent soixante francs. J'ajoute quarante francs pour les sous-pieds et la prompte exécution, total quatre cents francs (Il lui remet la note).

   LE TAILLEUR (saluant à plusieurs reprises.)

Merci, noble monsieur.

      ÉDOUARD.

Laissez tout cela ici, courez mettre les sous-pieds et revenez tout de suite.

     LE TAILLEUR.

Mais si vous vouliez me donner cette paire de bottes afin que mes sous-pieds soient bien attachés ?

      ÉDOUARD.

(A part.) Dame ! comme il y va ! (haut.) Oh ! je ne suis pas difficile ; quand je dis des sous-pieds, je devrais dire plutôt des demi sous-pieds. Rien qu'un doigt de largeur, vous comprenez.

     LE TAILLEUR.

Alors les bottes me sont inutiles. Je suis à vous à la minute. (Il sort.)

SCÈNE NEUVIÈME.

ÉDOUARD, puis WILLIAM.

      ÉDOUARD.

Alea jacta est. Le Rubicon est passé. Il ne s'agit

plus que de marcher. Dieu merci, me voilà complètement habillé. On ne peut appeler cela duperie. Car après tout, je paierai, mais quand j'aurai de l'argent.

WILLIAM.

Le commissionnaire est prêt.

ÉDOUARD.

Allons vite, je vais m'habiller. Enferme cet habit dans la malle. Aussitôt que je sortirai, tu feras monter le commissionnaire qui se chargera de mes affaires, et tu le porteras à m'attendre au coin de la rue Voltaire.

WILLIAM.

C'est entendu.

ÉDOUARD (tenant en main les bottes, les pantalons et la redingote.

A propos as-tu vu sortir le bottier et le tailleur?

WILLIAM.

Personne, monsieur.

ÉDOUARD.

Hein! qu'est-ce que j'entends? ces messieurs n'ont pas quitté la maison? Où étais-tu donc, petit garnement?

WILLIAM.

Pas plus loin que devant la porte de la loge du portier.

ÉDOUARD.

Alors, comment se fait-il? Tu étais à t'amuser, à faire des tours à madame Médor. (Il rentre.)

SCÈNE DIXIÈME.

WILLIAM (seul.)

Ah! je sais bien où ils sont, le tailleur et le bottier.

Chez M. Rostopfache, voilà tout. Et ce commissionnaire qui est à la porte, c'est M. le commissaire. Vous êtes pris, M. Édouard ; comment ferez-vous pour sortir de ce pas ? Il s'habille le petit maître ! Il se fait beau pour aller en soirée ! Bernique ! vous n'y arriverez pas !

SCÈNE ONZIÈME.

ROSTOPFACHE, ÉDOUARD, WILLIAM, et ensuite
LE BOTTIER et LE TAILLEUR.

—

ROSTOPFACHE (entrant).

Ah ! monsieur ! je suis bien aise de vous rencontrer ici. J'ai à vous parler.

ÉDOUARD.

Veuillez vous presser, monsieur, car je n'ai pas de temps à perdre. Comme vous voyez, j'allais sortir.

ROSTOPFACHE.

Aussi je viens pour vous en empêcher.

ÉDOUARD.

Pour m'empêcher de sortir ?

ROSTOPFACHE.

Oh ! ne le prenez pas si haut ! Abaissez votre ton quand vous me parlez. Votre cousin a dû vous dire de quel droit ?

ÉDOUARD.

En effet, mon cousin m'a dit que vous surveilliez ma conduite, ce qui est indigne d'un gentilhomme.

ROSTOPFACHE.

Et votre conduite est-elle celle d'un gentilhomme, monsieur ?

ÉDOUARD.

Ces discussions ne me vont nullement, d'autant plus qu'elles sortent des bornes de la politesse. Dans un moment, mes témoins seront chez vous.

ROSTOPFACHE.

Et quand je pense qu'il ne me faudrait qu'un mot pour vous forcer à baisser la tête devant moi.

ÉDOUARD.

Et pourquoi hésitez-vous à prononcer ce mot?

ROSTOPFACHE.

Je le dirai quand il sera temps.

ÉDOUARD.

J'espère que vous ne refuserez pas la rencontre. Sur ce, bonjour. (Il va pour sortir, rencontre le bottier et fait quelques pas en arrière.)

LE BOTTIER (entrant).

Monsieur le marquis, voici les bottes.

ÉDOUARD.

Aie!

LE TAILLEUR (entrant.)

Monsieur le marquis, voici votre pantalon.

ÉDOUARD (reculant de nouveau.)

(A part.) Je suis perdu! (Haut.) Vous arrivez à temps, messieurs. Passez-moi vos notes; je vais vous payer. (On lui donne les notes, il rentre.)

SCÈNE DOUZIÈME.

ROSTOPFACHE, WILLIAM, LE BOTTIER, LE TAILLEUR, ALBERT.

—

ALBERT (entrant.)

Vous ici, monsieur Rostopfache ! Mais que veulent ces messieurs ?

ROSTOPFACHE.

Ils vionnnent chercher le montant de leurs fournitures. Monsieur est le bottier, Monsieur est le tailleur.

ALBERT.

Édouard m'a trompé, mais où est-il ?

ROSTOPFACHE.

Il s'est sauvé, voilà tout ! (Il va regarder du côté de la chambre.) Tenez, regardez, il nous a plantés là et a pris tout bonnement le chemin de l'escalier, le coquin !

LE BOTTIER.

Mais monsieur m'avait promis que je serais payé.

LE TAILLEUR.

Mais monsieur m'avait fait aussi la même promesse.

ROSTOPFACHE.

Ne craignez rien, vos notes seront acquittées. Le voleur doit être arrêté en ce moment.

ALBERT.

Ciel ! est-il possible ! Et dans le moment même où je venais annoncer à Édouard une bonne nouvelle, confiant que j'étais dans ses promesses. Tenez, regardez plutôt : mon diplôme de docteur en droit que je viens de recevoir.

ROSTOPFACHE (prenant le diplôme.)

C'est le fruit de votre travail, Albert. J'étais persuadé que vous arriveriez à votre but. Mais j'ai autre chose à vous donner. (Il s'approche du bureau d'Albert, écrit sur un papier et le remet à Albert.) Lisez.

ALBERT (lisant.)

Mon oncle ! mon oncle ! (Il se jette au cou de Rostopfache.)

ROSTOPFACHE.

Oui, votre oncle qui vous accorde la main de Léontine.

WILLIAM.

(A part.) Ah ! c'est l'oncle Gondrecourt. Je ne m'étonne plus de l'intérêt qu'il prend à mon ci-devant maître.

SCÈNE TREIZIÈME.

ROSTOPFACHE, WILLIAM, LE BOTTIER, LE TAILLEUR, ALBERT, ÉDOUARD, LE COMMISSAIRE, MADAME MÉDOR. (Le commissaire tient au collet Édouard.)

MADAME MÉDOR.

Cela ne peut être qu'une erreur ! lâchez-le, lâchez-le, monsieur le commissaire.

LE COMMISSAIRE.

Taisez-vous, femme, et me laissez faire mon devoir.

ALBERT.

Rougissez donc, Édouard, vous êtes devant votre oncle Gondrecourt.

ÉDOUARD.

Qu'entends-je ?

ROSTOPFACHE.

Voilà, Édouard, où vous ont conduit vos folies et vos débauches. Remerciez le ciel de ce que je suis arrivé à temps pour empêcher que l'on vous traîne en prison. Dès ce soir nous partons pour Marseille. Albert, à votre arrivée, comme je vous l'ai promis, vous épouserez Léontine. Désormais, vous serez sous mes yeux, Édouard, et je prendrai des précautions pour que le fils de mon frère ne souille pas le nom que son père a toujours porté avec honneur.

LE BOTTIER (au public).

Air :

Cela ressemble à ces livres vraiment,
Où l'oncle vient tout juste au dénoûment,
Pour acquitter les dettes du jeune homme.
C'est pas commun dans notre beau royaume !
Il est heureux pour un pauvre artisan
De voir cet oncle, à la fin du roman,
Car sans cela, sans monsieur Rostopfache,
Je perdais tout, tout le prix de ma tâche.

LE TAILLEUR.

La chanson dit que les tailleurs
Sont tous de grands voleurs,
Cependant on voit dans le monde
— Et Paris en abonde —
De ces faquins, non du métier,
Abuser l'ouvrier.
Vous l'avez vu, monsieur, madame
— Et le trait est infâme, —
Ce ne sont point les seuls tailleurs
Qui sont de grands voleurs.

MADAME MÉDOR.
On vous croira maintenant sur parole,
O Fortuna, mon cher petit Médor !
Chacun de vous a bien rempli son rôle,
Chacun de vous vaut bien son pesant d'or !
Je m'attendais à quelque grande chose,
Je le disais dans ma prédiction :
Ce n'était pas où l'on se bat pour cause,
C'était ici le champ de l'action !
ÉDOUARD.
Vous me regardez de travers !
A tout péché, miséricorde !
Désormais je fuirai la horde
De ces amis faux et pervers
Qui m'ont entraîné dans le vice,
Dans ce terrible précipice.
ALBERT.
Pour moi, je suis docteur en droit,
En sus, j'épouse ma cousine.
Je suis donc plus heureux qu'un roi :
Pas de bonheur sans Léontine.
ROSTOPFACHE.
O vous, parents, qui remplissez la salle,
Ai-je besoin de tirer la morale.
  Pour vous ?
  Car tous
 Vous devez connaître
Qu'à ces mutins, éloignés des parents,
 Il faut un bon maître
Pour comprimer leurs dangereux élans.
WILLIAM.
L'auteur, messieurs, me charge de vous dire

Que cette farce en question
Est sans nulle prétention.
Heureux ! heureux ! s'il vous a fait bien rire.

(Le rideau baisse.)

LE MONDE DE CHEZ NOUS

COMÉDIE EN CINQ ACTES ET EN VERS

Par Liautaud ÉTHÉART

Juillet 1856.

> Le monde est une comédie ;
> Malgré l'intérêt que j'y prends,
> Je m'en amuse et j'étudie
> Les ridicules différents.
>
> X.....

PERSONNAGES.

LAMBERT
LAURENT } ROSEMOND.
ESTELLE
HERMINE
JULES-MAURICE
BENJAMIN.
CHARLES CONSTANT.
SAMUEL-ISAAC.
JEANNETON.
Un Domestique.
GERMAIN.
Le Vicomte BERTIN de VAUCONCELLE.

(*La scène se passe au Port-au-Prince.*)

LE MONDE DE CHEZ NOUS.

ACTE PREMIER.

Le magasin de MM. Rosemond frères.

SCÈNE PREMIÈRE.

Au lever du rideau, Laurent travaille aux livres. Lambert se promène et s'arrête pour causer avec lui.

LAMBERT, LAURENT.

LAMBERT.
Et quand donc aurez-vous trouvé cette balance ?
Depuis huit jours entiers.......
LAURENT.
　　　　　Ce n'est que six, je pense.
LAMBERT.
Enfin, depuis six jours, mauvais calculateur,
Vous ne faites qu'écrire, effacer. Une erreur
De vingt gourdes, je crois, vous trouble la cervelle.
Appelez à votre aide, appelez mon Estelle :
Elle peut vous servir. Mon frère, un commerçant
Devrait toujours s'adjoindre un homme connaissant
Les différents calculs de toute arithmétique.
LAURENT.
Je me suffis à moi : j'ai la grande pratique,
Et puis, Lambert, cessez de me lancer des traits.
Le calcul, vous savez, offre bien peu d'attraits.
Qui ! Moi ! j'initirais dans toutes nos affaires

Dans ces grands livres-ci des traîtres mercenaires
Qui, partout dans la rue, et dans tout le quartier,
Après avoir eu soin de bien nous épier,
Iraient dire aux passants, d'une voix forcenée
Le gain que la maison a fait durant l'année.
Le secret avant tout. Là-dessus mon avis
Est que nul employé, pas même les commis,
Ne doit jouir du droit de feuilleter, de lire,
Ce livre que jamais je n'ouvre sans sourire.
Car je vois à plaisir cet immense journal
Où se trouve ajusté notre fort capital.
Même à Jules-Maurice, à ce fils de Lestage,
De notre pauvre frère, hélas ! mort avant l'âge,
Je tâche de cacher ce que nous possédons :
Il est trop débauché. Que fait-il de nos dons ?

LAMBERT.

Respect à l'orphelin ! Songez donc que son père,
Au moment de fermer les yeux à la lumière,
Nous pria de veiller, et vous savez comment,
Sur le sort de ce fils qu'il aimait ardemment.

LAURENT.

C'en est assez, Lambert. Jules peut-il se plaindre ?
Avons-nous pu jamais au travail le contraindre ?
Il fait le bel-esprit : c'est un dissipateur,
Qui toujours vous aborde, avec un air moqueur.
(Calculant.)
Trente-six et sept font. . . . . . .

LAMBERT.

        Quarante-trois.

LAURENT.

                    Je pose

LAMBERT.

Trois et je retiens quatre. Et je fais une pause.

LAURENT.

Oh ! vous êtes content de ce mot persifleur,
Et vous plaisez beaucoup à votre ton railleur.
Continuez, Lambert, poursuivez votre ouvrage
Et joignez l'action à votre air dont j'enrage.
Faites venir Estelle, avec ma fille aussi
Pour m'aider dans ce compte et travailler ici.
    (Lisant.)
Caisse doit à Profits et Pertes. . . . . .

LAMBERT.

                    Quelle somme !
J'aimerais mieux dormir d'un paisible et bon somme !

LAURENT (lisant et calculant.)

Albertin à Divers. Caisse : vingt mille francs.
De l'argent bien placé ! Diantre ! depuis deux ans !
A compte de café. Rien qu'à trois mois de date
Cinq mille sacs pesant... c'est fameux, je m'en flatte !
Soixante-dix et cinq.... Et quelle heure avez-vous ?

LAMBERT (regardant à sa montre.)

La demie après six.

LAURENT.

          Après six ! Entre nous,
Ces messieurs nos commis tardent bien à paraître.
Monsieur Charles Constant ! Il se fait petit-maître.
Benjamin. . . . .

LAMBERT.

      Allons donc. Si l'on vous écoutait
On chasserait d'ici des gens que l'on connaît,
Qui font bien leur travail, ont de l'exactitude
Comme des avoués, des clercs à leur étude.

LAURENT.

Il me semble, Lambert, que c'est bien leur devoir,
De se rendre avant nous, de bonne heure au comptoir.

Où se trouve Maurice ? A ces cafés sans doute,
Où l'on apprend le vice, où l'on fait fausse route.
Devant des dominos, des cartes, un billard,
S'escrimant à tenter tous les jeux de hasard.
Ce n'était pas ainsi du temps de mon enfance !

LAMBERT.

Terminez donc, Laurent, et trouvez la balance.

LAURENT (calculant.)

Cinquante mille six..... Je commence à bien voir.
Encor quelques instans. . . . . . .

LAMBERT.

Vous finirez ce soir.

LAURENT.

Occupez-vous un peu de la correspondance :
C'est le jour du Packet. Ecrivez à Mayence,
Et veuillez commander un lot de ces jambons
Qu'on se bat pour avoir à toutes les saisons.

LAMBERT (à la correspondance.)

A Bordeaux, je dirai de presser la commande ;
Car les vins sont fort chers. Toujours on en demande.

LAURENT.

Annoncez aux amis la hausse du café.

LAMBERT.

Le coton a manqué. Celui de Santa-Fé. . . . . .

LAURENT.

Pensons à notre affaire : Une lettre en Provence
A ces joyeux enfants du Midi de la France
Dont le teint olivâtre et l'excellent patois
Cachent, à mon avis, de très rusés matois.
Qu'ils nous préparent vite une cargaison d'huile.
Ne vous amusez pas à soigner votre style ;
Sur ces légers papiers écrivez en courant :
Mépriser la grammaire, est-ce déshonorant ?

LAMBERT.

Je n'aime pas, Laurent, que toujours on conseille.
LAURENT.
Vite, écrivez, mon cher, votre lettre à Marseille.
Quelques mots sont urgents à nos amis d'Anver,
A ceux de Liverpool, à ceux de Manchester.
(Lisant.)
Doit Caisse à Capital. . . . . Je gagne la bataille !
LAMBERT.
Après avoir usé bombes, boulets, mitraille !
LAURENT.
(Après avoir dit quelques mots à Lambert à voix basse.
Le beau chiffre, voyez ! Ah ! j'ai sué du sang !
Osez après cela, nous disputer le rang,
Petits industriels ! Et vous, vile canaille,
Courbez-vous devant nous, servile valetaille !
Devant vos supérieurs, venez, baisser les fronts,
Pauvres spéculateurs ! Et nous vous donnerons
Le moyen infaillible et le seul véritable,
D'arriver sans efforts à ce chiffre honorable !
LAMBERT.
Ce chiffre vous transporte et vous exalte un peu !
Modérez vos transports, modérez-les, pour Dieu !
Pour nous, la fin de l'an est royalement belle.
J'en suis content, surtout pour ma charmante Estelle.
Car, c'est tout mon désir, je veux, la mariant
Lui donner une dot, en bel et bon argent.
Il est si doux, si beau de se sentir renaître
Dans ces petits enfants, rejetons à paraître,
De s'entendre appeler par eux, par leurs mamans,
De ce nom de papa, si rempli d'agréments !
Oh ! qu'il est amusant d'écouter leur tapage,
Tout ce bruit infernal, si commun au jeune âge.

Le babil enfantin, les sots raisonnements
De ces petits monsieurs, dans leurs amusements !
Je suis heureux, mon cher ; mais c'est pour ma famille !
Mon bonheur sera grand, si je trouve à ma fille
Un honnête mari, plein de distinction
Unissant le savoir à la condition !
Laurent, c'est un rayon d'en haut qui m'illumine !
Pensez aussi, pensez à la petite Herminë !

LAURENT.

Certes, c'est un devoir que vous me dictez là.
Dieu sait combien de fois j'ai ruminé cela.
Nous sommes tous deux veufs et tous les deux très riches :
Agissons noblement, ne nous montrons pas chiches.
Mais nous devons chercher par quelques bons moyens
A garantir un peu notre avoir et nos biens.
Voyons ; j'ai de placé, vous aussi, mon bon frère,
Deux mille souverains dans la fière Angleterre,
Et de là, traversant le détroit de Calais,
J'arrive sain et sauf chez messieurs les Français.
Je descends à Paris, la grande capitale,
Et c'est dans ma maison, que gaîment je m'installe.
Une maison donnant cinq mille tous les ans,
Figure un capital de cent vingt mille francs.
Ça commence à compter. Et puis en Allemagne
Un comme qui dirait mille gourdes d'Espagne.
Total : trente-deux mille. En papiers du pays,
En bons haïtiens, tous mes biens réunis,
Si j'y joins mon actif, balancé sur mon livre,
Font près d'un million qui m'est donné pour vivre.
De sorte que, mon cher, je veux, c'est bien le mot,
Marier mon enfant, lui donner une dot,
Mais il faut bien aussi que, pour mon gendre, j'aie
Quelqu'un de conséquent, pesant par sa monnaie ;

Quelqu'un, non du pays, mais un homme tout blanc
Remarquable surtout par l'argent et le rang.
Oui, oui, mon cher Lambert, il faut pour fin de compte
Que votre nièce épouse un blanc qui soit vicomte.
Et quel est votre avis?

LAMBERT.

Votre rêve est charmant!
A ces grandes vertus, on trouve un agrément.
Le titre ne nuit pas, l'argent est désirable!
La blancheur de la peau, quoi de plus respectable!
Aussi je veux pour fils, tel vous l'avez dépeint,
Un homme fortuné, mais un noble, d'un teint....

SCÈNE DEUXIÈME.

LAMBERT, LAURENT, BENJAMIN, CHARLES.

BENJAMIN.

Un bâtiment au port!

LAURENT.

Bon, voici les affaires!
Et savez-vous au moins à quels consignataires?

BENJAMIN (remettant un paquet à Laurent.)

A la maison, monsieur, et voici le paquet
Qui vient du commettant.

LAURENT (le décachetant.)

Voyons si c'est complet.
Messieurs, préparez-vous, mettez-vous à l'ouvrage:
Le travail fortifie et convient à votre âge.

LAMBERT (remettant à Charles des lettres.)

Vous les apporterez au consulat anglais.

LAURENT (lisant.)
Le navire, Lambert, est un trois-mâts français.
LAMBERT.
Il s'appelle comment ?
LAURENT.
Le jeune Théodore,
Capitaine Borel. Il est tout neuf encore :
C'est son premier voyage: Il vient droit de Bordeaux
Complètement chargé d'huile, de vin et d'aulx.
LAMBERT.
Oh ! les fins Bordelais ! voyez leur prévoyance :
Ils ont senti le coup, l'ont prévu par avance !
LAURENT.
Bah! prenons à bon prix la dite cargaison
Et portons dans le cœur la botte à la maison.
Mais, de grâce, écoutez, un post-scriptum sublime
Qui me plaît à ravir !

« Nous avons pris la liberté de remettre à votre adresse des lettres de recommandation à M. Bertin de Vauconcelle qui vient voyager, dans votre pays, en qualité de touriste. Nous ne pensons pas qu'il consente à faire des affaires chez vous. Sa noblesse et le rang qu'il occupe le portent à regarder, d'un œil dédaigneux, ceux qui, comme nous, font remuer les millions pour en tirer profit. Du reste, c'est un charmant vicomte, comme on dit dans le monde, d'une conversation agréable, etc., etc. »

LAMBERT.
Et c'est vraiment un crime
Que de rester ici, sans aller au devant
De ce Monsieur Bertin. Ce doit être un savant.
LAURENT.
Oui, vous avez raison ! Lambert, c'est un vicomte !
Grand Dieu, pardonnez-nous! oh! pour nous, quelle honte!
Sur le quai, sur le warf, courons vite, courons
Voir ce noble monsieur que nous embrasserons.

SCÈNE TROISIÈME.

BENJAMIN, CHARLES.

CHARLES.

Ah ! les voilà partis ! Monsieur Laurent s'empresse
Et pour un étranger, il marche avec vitesse.
L'autre, Lambert aussi, trottant à ses côtés....

BENJAMIN.

Eh ! ne nous plaignons pas ! Pensons à nos beautés,
A votre chère Hermine, à ma sensible Estelle !
S'il le faut, mon ami, creusez-vous la cervelle
Et faites-les venir ici toutes les deux
Pour que nous leur disions notre amour et nos feux.
Je ne te cache pas que je suis très timide ;
Mais mon cœur est trop plein, il faut que je le vide,
Il faut que dès ce jour, de courage m'armant,
Je prenne mon pouvoir et mon titre d'amant.
A ses pieds me jetant, je lui dirai que j'aime,
Que je dois avoir d'elle un mot, un aveu même,
Car enfin, lui dirai-je, Estelle, Benjamin
Possédant votre cœur, obtiendra votre main !

CHARLES.

Que je reconnais là votre beau caractère !
Mais pensez-vous vraiment que le futur beau-père
Approuve ainsi du coup cet amour indigent,
Qu'il vous donne sa fille, à vous léger d'argent ?
Pour moi, cher Benjamin, il est bon de vous dire
Que j'aime bien Hermine, et qu'à sa main j'aspire,
Mais il est dans mon cœur un dur pressentiment :
Laurent, oubliera-t-il la fortune aisément ?
Voudra-t-il consentir à marier sa fille
A l'homme qui n'a pas de grands biens de famille ?

Oui, c'est pourquoi je garde au plus profond du cœur,
Cet amour qui m'abat, mais qui fait mon bonheur.

BENJAMIN.

Charles, vous vous trompez. J'ai confiance extrême
En messieurs Rosemond que j'estime et que j'aime.
Non, ils ne voudront point forcer des sentiments,
Condamner au malheur, à la mort, des amants.
Nous n'avons pas, c'est vrai, pour mener grande vie,
La richesse, l'argent qu'ici bas on envie,
Mais cet honneur intact, du ciel toujours béni,
Va frayer pour nos pas un chemin aplani.

CHARLES.

Pour le bonheur humain, la boîte de Pandore
N'a point donné passage à l'Espérance encore.
Qu'heureux était ce siècle, appelé l'âge d'or
Où la vertu prenait un noble et bel essor,
Où le mérite seul jouissait sur la terre
De toutes les faveurs qu'en ce jour l'on défère,
On donne à tout venant, pour peu qu'il soit couvert
De ce vice éhonté qui si vite s'acquiert !

BENJAMIN.

Ne poussez pas si loin votre philosophie.
Des hommes d'aujourd'hui, faut bien qu'on se défie,
C'est vrai. Mais croyez-vous qu'on les rende meilleurs,
En leur montrant à nu ce tableau de malheurs ?
Non, n'est-ce pas ? Ainsi remplissons notre rôle
Et nous réussirons, croyez à ma parole.

CHARLES.

Eh bien ! je me dévoue !

BENJAMIN.

     Enfin, c'est très heureux !
Les larmes ne vont pas aux hommes amoureux.
Tout plein de votre Hermine, et moi, de mon Estelle,

Aux cœurs de ces beautés, jetons une étincelle !
CHARLES.
Je suis à vous sur l'heure et je vous promets bien
Qu'elles viendront ici sans se douter de rien.

SCÈNE QUATRIÈME.

BENJAMIN seul.

Grand Dieu ! fais réussir l'innocent artifice !
Ah ! fâcheux contre-temps ! voici Jules-Maurice !

SCÈNE CINQUIÈME.

BENJAMIN, JULES.

JULES.
Mes oncles sont sortis ?
BENJAMIN.
Ils sont pour l'heure absents.
JULES.
Rentreront-ils bientôt ces heureux commerçants ?
Répondez. En ce cas, il faut que je me presse,
Car je ne puis souffrir et supporter sans cesse
Leur babil importun et leurs vaines leçons
Qui sont autant pour moi de solides affronts.
C'est juste, Benjamin, d'avouer et de dire
Que chez Lambert parfois je trouve un franc sourire,
Mais le cadet Laurent, avec son ton grognard
Me déplaît beaucoup plus ; et je veux, pour ma part,
Lui dire un de ces jours : « Si je tiens votre caisse,
Ce n'est n'est pas pour cela qu'il faut que je m'abaisse ;
Je dois jouir toujours de toute liberté,

Et ne manquer jamais au moins de dignité. »
Car, si l'on est commis, faut-il pour ce qu'on tremble
Devant des commerçants ? Dites, que vous en semble ?

BENJAMIN.

Si vous voulez, mon cher, qu'ils ne vous trouvent pas,
Pressez-vous, car sans doute, ils hâteront le pas :
Ils ont été devant un Français mirliflore
Que nous amène ici le *Jeune Théodore.*

JULES.

(A part.)
C'est peut-être mon homme !

(Haut.)

Ah ! je suis diligent !
Vite j'ouvre la caisse et j'y prends de l'argent.
Dieu merci ! ces messieurs font de bonnes affaires
Et sont déjà deux fois plus que millionnaires.
Figurez-vous qu'hier vers sept heures du soir,
Après avoir laissé cet écrasant comptoir,
Fatigué de calculs, je marchais dans la rue,
Quand la maison d'Henri vint s'offrir à ma vue.
J'entre sans réfléchir, et je les trouve trois
Mis autour d'une table, où l'on voyait, je crois,
Des dés, des dominos, une boîte de bête
Et tout cet atirail qui fait que l'on s'entête.
« Il nous manquait quelqu'un » s'écria-t-on soudain.
Et là-dessus bien vite on me céda la main.
Pouvais-je refuser ? Devant moi sur la table,
Je voyais par monceaux de l'argent convoitable.
Mais ce soir, Benjamin, je fus bien malheureux,
Car je perdis, mon cher, à presque tous les jeux.
J'avais, en les quittant, laissé des sommes lourdes,
Puisque je leur devais près de deux mille gourdes.

BENJAMIN.

Funeste passion !

JULES (riant.)
Cette perte n'est rien !
La chance arrive après et vous sert de soutien.
Et n'aurais-je pas pu ce matin dès l'aurore,
Regagner mon argent, et puis reprendre encore
Une somme assez ronde à ce jeu de billard
(Montrant un livre.)
Où je vois bien plus clair que dans ce grand brouillard?
Déjà, par un beau coup, j'avais mis dans ma poche
Ce que j'avais perdu le soir dans la bamboche,
Lorsque mon adversaire, abattu par mon gain,
Se lève violemment, et, d'un effort soudain,
Propose un autre rob, tout en doublant la mise,
En me donnant un tour ! Jugez de ma surprise !
Je restai consterné ! Lui, le jeune innocent,
Osait me proposer trente six points sur cent !
« Je n'aime pas, monsieur, qu'au jeu l'on me défie ;
Certes je gagnerai, je vous le certifie »
Dis-je fort irrité ; « mais je dois néanmoins
Conserver mon honneur et refuser vos points,
Car, je suis, notez-le, la principale queue
Qu'on trouve au Port-au-Prince et même en la banlieue.
Aussitôt dit que fait. Il se défendit bien,
Conserva dans la lutte un chaleureux maintien.
Oh ! le coup malheureux ! J'avais trois points à faire ;
Une bille à la blouse et voilà mon affaire.
Je tire juste, mais.... je ne sais pas vraiment
Comment s'est opéré cet affreux changement
La rouge dévia, suivit une autre route,
Et me fit perdre encor dans cette noble joûte.
Car lui, déconcerté, reprenant son aplomb
Fit le reste tout net, et cela, d'un seul bond.

BENJAMIN (à part).

Il ne s'en ira pas !

JULES.

Il est vrai qu'on m'assure
Que la main de mon homme a, dans cette aventure,
Posé, sans faire exprès, sur le tapis si doux
Quelques éclats pareils à de petits cailloux.

BENJAMIN.

Mais le connaissez-vous ?

JULES.

Non, je sais qu'il s'appelle
D'un nom noble, ma foi, Bertin de Vauconcelle ;
Car il m'a fait signer un billet en ce nom,
Et je tiens au plus tôt à retirer mon bon.

BENJAMIN.

Cet homme, mon ami, nous sera bien funeste ?
C'est ce jeune arrivé, que déjà je déteste,
Puisque recommandé par lettre à la maison,
Il commence sur vous par une trahison !

JULES.

Eh ! si c'est lui, tant mieux ! A charge de revanche !
Il ne gagne en ce jour que la première manche !
(Il va à la caisse pour l'ouvrir, mais dans le même moment, entrent Charles, Estelle et Hermine.)

SCÈNE SIXIÈME.

BENJAMIN, JULES, CHARLES, ESTELLE, HERMINE.

JULES.

Qui peut porter vos pas si tôt au magasin ?
A coup sûr, ce n'est point pour voir votre cousin.
Quel attrait vous fait donc sortir de votre chambre,

Vrai boudoir parfumé de mousseline et d'ambre,
Pour venir en ces lieux que fréquente l'ennui
Et que je quitterais volontiers aujourd'hui ?
ESTELLE.
Nous n'avions pas encore fini notre toilette
Dont s'occupe si bien notre bonne soubrette,
Jeanneton, vous savez, quand monsieur que voici
Est venu nous chercher pour nous mener ici,
Où nous devons choisir par ordre de nos pères
Quelques lolas nouveaux.
HERMINE.
     Pour prendre nos affaires,
Nous n'avons pas pensé, cousin de notre cœur,
A ce grand négligé qui doit vous faire peur.
JULES.
O cousine, votre air peut-il paraître louche ?
Maurice, de si peu jamais ne s'effarouche.
ESTELLE.
Peut-être il semblera malséant au cousin
Qu'ici l'on se présente en robes du matin ?
JULES.
Vraiment de vos peignoirs la charmante élégance
Vous rend, à mon avis, plus belles qu'on ne pense.
Mais je dois vous quitter : une affaire m'attend.
Que je baise avant tout ces mains que j'aime tant !
  (Il baise la main d'Estelle.)
Vous le permettez bien ?
    (Il baise celle d'Hermine.)
      Et vous aussi, cousine ?
A chacune, un baiser. Qu'en dites-vous, Hermine ?
  (Il va a la caisse, l'ouvre, prend de l'argent et sort.)

SCÈNE SEPTIÈME.

BENJAMIN, CHARLES, ESTELLE, HERMINE.

CHARLES (à Hermine.)

Ah ! pardonnez, madame, à ma témérité :
J'ai, pour vous voir ici, froissé la vérité !
Mais vous m'excuserez. Non, l'amour qui me brûle
Ne doit pas se servir d'une vaine formule.
Il est trop pur, trop grand, il remplit trop mon cœur,
Pour n'être pas couvert de joie et de bonheur.
Je vous aime, madame, oui je vous aime, Hermine.
Ange sorti du ciel, ô ma tendre héroïne,
Permettez qu'à vos pieds, je me jette soudain...
(Il se jette aux pieds d'Hermine.)

ESTELLE.

Eh quoi ! monsieur, fi donc ! c'est dans ce magasin...

BENJAMIN.

Estelle, j'en conviens, le lieu n'est pas propice,
Mais quand on est, hélas ! tout près du précipice,
Quand, à chaque moment, nous pouvons y tomber,
Nous devons faire tout pour ne pas succomber.
Et quant à moi, dussé-je, oui, dussé-je à mon front
Voir placarder par vous un scandaleux affront,
Je ferai comme Charle et comme Charle encore,
Je vous dirai : madame, oui, oui, je vous adore.
(Il se jette aux pieds d'Estelle.)

HERMINE.

Relevez-vous, messieurs, et parlons franchement :
Où comptez-vous venir avec ce sentiment ?
Oui, nos cœurs sont à nous. Ils ne sont à personne.
Et pures, comme l'est une tendre anémone,
Qu'un doux et frais zéphir balance mollement,

Nous voudrions savoir le but de notre amant.
ESTELLE.
N'espérez point, messieurs, nous jeter dans le piège
Avec facilité : la vertu nous protège.
BENJAMIN.
Estelle, à ce mot seul, je vois glacer mon sang.
Estelle, je vous offre un amour pur et franc,
Et vous semblez douter! Hélas! vous pouvez croire
Qu'il me faut seulement et triomphe et victoire,
Et que, quand je serai couronné de succès,
Je pourrai vous laisser à vos cuisants regrets.
Ah! chassez loin de vous, repoussez cette idée
Dont, à cette heure encor, vous êtes possédée.
CHARLES.
Hermine, vous avez bouleversé mon cœur,
Et l'avez abreuvé de fiel et de douleur!
Ah! qu'il me serait doux de vous entendre dire,
D'une paisible voix, avec un doux sourire:
« Mon Charles, je vous aime. »
BENJAMIN.
     Oui, de pareils aveux
Feraient notre bonheur et combleraient nos vœux.
ESTELLE.
Laissez-moi vous conter une petite histoire
Que toujours j'ai gardée en ma bonne mémoire :
Vous connaissez très bien Monsieur Martin François...
CHARLES.
Assez, mademoiselle! Ah! le funeste choix!
L'affaire en question a fait grand scandale ;
On ne peut l'oublier dans cette capitale.
Ne nous comparez pas à ce mauvais sujet,
Ce perfide enjôleur, qui, toujours l'œil au guet,

Sait toujours à point fixe arrêter au passage
La fille qu'il destine à son vagabondage.

HERMINE.

Oh! monsieur, non jamais, n'attendez pas de moi,
Que je vous donne ici mon amour et ma foi,
Avant que je m'assure et que je sois certaine
Que votre amour est vrai.

CHARLES.

                Vous me comblez de peine.
Et comment, après tout, vous en persuader?
C'est à vous à le dire, Hermine, sans tarder.

ESTELLE.

Nous perdons notre temps en de vaines paroles,
Et l'on finira bien par nous croire des folles.
Hermine, pourquoi donc tourner autour du pot,
Pour dire à ces messieurs le véritable mot?

BENJAMIN.

Et quel est-il ce mot que vous craignez de dire?
Hélas! que je voudrais dans vos yeux pouvoir lire!
Car, je vous le promets, Estelle, dès demain,
De monsieur Rosemond j'obtiendrais votre main!

HERMINE.

Ah! que c'est bien parlé!

ESTELLE.

                Vous écririez de suite?

BENJAMIN.

J'aime éperdument! Pensez-vous que j'hésite?

ESTELLE.

Eh bien! mon Benjamin, je vous donne mon cœur.

BENJAMIN.

O de tous les bonheurs, le plus parfait bonheur!

ACTE 1er.

ESTELLE (à Charles.)

Et devant ce tableau, vous hésitez encore !

CHARLES.

Laissez-moi comprimer ce feu qui me dévore !

ESTELLE.

Vous n'aimez pas, monsieur !

CHARLES.

     J'aime, mais sans espoir.

HERMINE.

Et parlez donc, parlez, vous voyez tout en noir.

CHARLES.

Alors, il m'est permis. . . . .

HERMINE.

     Hermine aussi vous donne
Son cœur, qui de bonheur, en ce moment rayonne,
Pourvu que.... vous fassiez comme le cher cousin :
Oui, décidez-vous net à demander ma main.

CHARLES.

Ah ! ce pacte est charmant !
 (A Estelle.)
     Ainsi, mademoiselle,
Désormais, je pourrai vous appeler Estelle.
Ce bel et bon aveu me fait votre parent.
La parole d'Hermine en est un sûr garant.

ESTELLE.

Il faut se retirer.

BENJAMIN.

   Vous permettez, Estelle.
 (Il lui baise la main.)

CHARLES.

Et vous donc, mon Hermine ! oh ! mon Dieu, qu'elle est belle !
 (Il lui baise la main.)

HERMINE (à Benjamin.)

Et pour bien clore enfin ce jour de grand bonheur,
Benjamin, baisez donc la main de votre sœur.
(Elle lui donne sa main à baiser.)

ESTELLE (à Charles.)

Pour ne pas exciter en vous de jalousie,
Baisez, mais sans y mettre aucune frénésie.
(Elle lui donne sa main à baiser.)

SCÈNE HUITIÈME.

CHARLES, BENJAMIN.

CHARLES.

Oh! cher Benjamin, que nous sommes heureux
D'avoir pu tout à l'heure entendre ces aveux.

BENJAMIN.

Que je suis satisfait! oh! ma joie est extrême!
Etre aimé, cher Constant, être aimé pour soi-même,
C'est là le vrai bonheur, une faveur du ciel!
Rendons, en ce beau jour, grâces à l'Éternel!

SCÈNE NEUVIÈME.

CHARLES, BENJAMIN, LAMBERT, LAURENT, LE VICOMTE.

LAURENT.

Eh! rentrez donc, monsieur Bertin de Vauçoncelle,
Rentrez et contez-nous la petite querelle.

LE VICOMTE.

Figurez-vous, messieurs, par le plus grand hasard,

Qu'en débarquant tantôt, je m'arrête au billard.
J'y trouve un jeune fou....

LAURENT (à Charles.)

Mettez-vous à l'ouvrage.

LAMBERT (à Benjamin.)

Mettez-vous au travail.

LE VICOMTE.

L'air hardi, beau visage....

BENJAMIN (à Charles.)

Eh! c'est Jules-Maurice!

LE VICOMTE.

Il s'en vint droit à moi,
Me jeta le défi de le gagner, je croi,
A ce jeu de billard, où je suis passé maître.
Fier de le lui prouver, sans même le connaître,
J'accepte, je le bats, si bien que maintenant,
Il tient en mains pour moi, ce fat impertinent,
Une somme assez ronde en bons de votre ville
Et qu'il m'apportera demain, à domicile.

LAMBERT.

Oser vous défier! vous défier au jeu!

CHARLES (à Benjamin.)

Holà! monsieur Lambert, si c'était le neveu!

LAURENT.

Il était vraiment fou! Défier un vicomte!

LE VICOMTE.

A cela, le fait est qu'il n'a point eu son compte.
Tenez, il m'a signé ce papier que voilà.

(Il passe un papier à Laurent.)

LAURENT (après avoir lu.)

Ciel! Fâcheuse aventure!

LAMBERT.

Et que voyez-vous là ?

LAURENT (lisant.)

« A vue, je paierai à M. Bertin de Vauconcelle ou
« à son ordre, la somme de deux mille gourdes, va-
« leur reçue. »

Jules MAURICE.

LAMBERT.

Qu'entends-je, monsieur Bertin de Vauconcelle !
Hélas ! notre neveu, c'est ainsi qu'il s'appelle !

LE VICOMTE.

Il est votre neveu ! ma foi ! que je suis bête
D'avoir conté ceci ! messieurs, je le regrette !
Pour vous prouver vraiment mon sincère regret,
Tenez, voici le cas que je prends de l'effet.

(Il le déchire.)

Jules ne me doit rien, et, si de l'aventure,
Je garde souvenir, oui, c'est qu'il me procure
La bonne occasion de vous prouver ici
Combien je vous vénère !

LAURENT.

Ah ! vicomte, merci !

LAMBERT (à part.)

Si cet homme pouvait entrer dans ma famille !

LAURENT (à part.)

Ah ! voici le mari qu'il faudrait à ma fille.

(Le rideau baisse.)

ACTE DEUXIÈME.

Chez les Rosemond.

Au lever du rideau, Jeanneton est occupée à frotter quelques meubles.

SCÈNE PREMIÈRE.

JEANNETON, ESTELLE.

ESTELLE (entrant.)

Eh ! Jeanneton !

JEANNETON.

Mamzelle !

ESTELLE.

Ah ! ce mot me fait mal !
Un mot aussi commun le jour d'un si grand bal !
Je t'ai dit mille fois que ce mot de mamzelle
N'allait pas à mon rang.

JEANNETON.

C'est bien, madame Estelle

ESTELLE.

Dis madame tout court. Apprends que toi, servante,
Tu dois être avec moi moins libre, plus décente,
Et m'entourer toujours d'un respect très profond !
Ah ! cette liberté m'étonne et me confond !

JEANNETON.

Mamzelle, à vos désirs, j'en jure, sur mon âme,
J'obéis volontiers.... et je dirai... madame.

ESTELLE.

Bien. Mais as-tu suivi mes ordres de tantôt !

JEANNETON.

Certainement à ça, je n'ai pas fait défaut.
D'un seul bond, j'ai couru chez ce monsieur Domelle.
En ce moment encore, il trouble ma cervelle.
Madame, à son aspect, je tremblai de frayeur.
Non, vous n'avez pas vu son air dominateur,
Ses yeux caves, brillants, roulant dans leur orbite,
Et sa voix de fantôme et son regard d'ermite.
Mais entrez avec moi dans son terrible autel :
Il y règne, madame, un silence éternel.
Nuit et jour, on y brûle et le soufre et l'encens.
Là, des têtes de morts, des squelettes tremblants
Et des os conservant une chair meurtrie
Exhalent une odeur et fétide et pourrie.
« Votre maîtresse veut jouir de mes faveurs
Et conjurer mon Dieu à ses tristes douleurs »
Dit-il. « Si c'est ainsi, veuillez apporter vite,
En ces lieux vénérés, un gallon d'eau bénite,
Quatre bouteilles d'huile, ou de palma-christi
Ou d'excellente olive ; et je vous garanti
Que si vous ajoutez douze blancs de baleine
Vous pourrez tout avoir : ne soyez point en peine. »
J'oubliais quelque chose et de fameux encor,
Qu'il vous faut envoyer.

ESTELLE.

De l'argent ?

JEANNETON.

Non, de l'or.

ESTELLE.

Tu crois qu'après cela, l'heureux mortel qui m'aime
Se décide à la fin, à me tirer, quand même
De ce toit paternel, fardeau pesant et dur

Pour la fille qui voit d'un peu près l'âge mûr ?
JEANNETON.
Madame, ce papa, m'en donne certitude;
Reposez-vous en paix sans nulle inquiétude.
D'ailleurs, qui peut douter que monsieur Benjamin...
ESTELLE.
Et qui pense à cette heure à ce petit gamin ?
Je te parle d'un noble, un savant, un vicomte,
Qui soumet tous les cœurs, à son pouvoir les dompte,
Et tu prétends venir me fatiguer l'esprit
D'un fou de cette espèce et de cet acabit.
Assez, je te défends de m'en parler encore.
Bertin de Vauconcelle est l'homme que j'adore !
Nul ne doit le savoir. La cousine, surtout,
Doit ignorer cela : Bertin est de son goût.
Voici ma bourse, prends; et qu'à mon but, j'arrive,
Que je prenne ce cœur, qu'enfin je le captive
Je te donne le double, et que sais-je, ma foi ?
JEANNETON (prenant la bourse.)
La bourse de la reine ! Et que donne le roi ?
ESTELLE.
Oh ! compte, Jeanneton, sur sa reconnaissance.
Il paira bien, c'est sûr, j'en donne l'assurance.
Adieu, je vais rentrer dans la salle du bal :
Déjà les invités remplissent le local.

SCÈNE DEUXIÈME.

JEANNETON (seule et riant.)
Et le papa, c'est moi ! Quelle pesante bourse !
Oh ! songeons maintenant à prendre à l'autre source !

SCÈNE TROISIÈME.

JEANNETON, HERMINE.

HERMINE (entrant.)
En ces lieux, que fais-tu, ma bonne Jeanneton ?
As-tu jeté les yeux sur ces gens de haut ton
Qui viennent d'arriver en foule à cette salle ?

JEANNETON.
Madame, ma présence y causerait scandale.

HERMINE.
La pauvre Jeanneton ! tu ne dois pas, c'est vrai,
Oser te faufiler dans ce monde si gai !
Mais il t'était permis, dans ce salon de fête,
Où l'on doit arriver en superbe toilette,
D'envoyer un regard curieux, mais furtif.
Si tu l'as fait, réponds. Un jeune homme, à l'œil vif,
Un élégant du siècle, à la moustache noire,
A dû bien s'incruster dans ta pauvre mémoire.

JEANNETON.
(A part.)
Je comprends.
(Haut.)
 Pardonnez. A mon sens, le portrait
De ce jeune élégant est un peu contrefait.
Vous m'avez déjà fait entière confidence :
Il n'a pas de moustache, aussi noire, je pense.

HERMINE.
Je dois t'apprendre enfin que, depuis certain jour,
J'ai laissé loin de moi cet insipide amour,
Que j'avais ressenti pendant une minute.
Charles est oublié. Trop enfant dans la lutte,

Il s'est laissé ravir mon amour et mon cœur,
Par un jeune étranger, tout fier de son bonheur.
Tu connais, n'est-ce pas, Bertin de Vauconcelle
Dont raffole, je crois, la trop sensible Estelle ?
Eh bien ! ce beau jeune homme à mes pieds s'est jeté.
— Oui, bonne Jeanneton, je dis la vérité. —
Puis tremblant de frayeur, dans une folle ivresse,
« Hermine », m'a-t-il dit, « ta voix enchanteresse
Veut-elle m'assurer que tu m'aimeras bien?
Parle, réponds un mot. Je suis parisien
Mais j'irai tout d'un trait près de ton heureux père,
Et lui demanderai cette main qui m'est chère. »

JEANNETON.

Et vite vous avez renvoyé l'importun,
En songeant à Constant, le charmant petit brun.

HERMINE.

Ah ! si tu l'avais vu, les yeux baignés de larmes,
Tu prendrais en pitié de trop justes alarmes !
Tu lui dirais bien sûr : « comptez, monsieur Bertin,
Comptez sur mon amour, je vous donne ma main. »

JEANNETON.

O trop noble conduite !

HERMINE.

    Et vois-tu, sois muette.
De tout cela, motus. Car Estelle s'apprête,
Je le vois, sur son air, encore tout calin
A m'enlever ce cœur que j'ai là sous la main.

JEANNETON.

Le moyen le plus sûr d'abattre une rivale
Et cela, sans nul bruit, sans faire de scandale
Est de laisser la chose à la Dame Cadet,
Qui, je vous garantis, gardera le secret.

Cette Dame Cadet, aussitôt qu'on la paie,
De la plus triste affaire, en fera la plus gaie.
Elle sait conjurer les démons, l'avenir,
Et n'exige de vous que savoir obéir
En suivant pas à pas toute son ordonnance.
HERMINE.
En toi, ma Jeanneton, je mets ma confiance.
A la Dame Cadet, que faut-il envoyer ?
JEANNETON.
De l'argent, de l'argent. Il faut savoir payer.
HERMINE (lui donnant sa bourse.)
Tu seras maintenant mon ange tutélaire !

SCÈNE QUATRIÈME.

JEANNETON seule.
Dame Cadet, c'est moi ! conçoit-on cette affaire !
Conçoit-on cette ardeur pour ces petits blancs gueux,
Toujours, à mon avis, des hommes dangereux !

SCÈNE CINQUIÈME.

LAMBERT, LAURENT, JEANNETON.
LAURENT (à Jeanneton.)
Les bas et les souliers que nos charmantes filles
Doivent venir changer après quelques quadrilles,
Les avez-vous fait porter, ici, dans ce salon ?
JEANNETON.
Oui, monsieur, tout est prêt.
LAURENT.
　　　　　　C'est très bien, Jeanneton.
Maintenant laissez-moi causer avec mon frère.
(Jeanneton sort.)

Peut-on se posséder ! oui, je suis en colère !
Débarqué d'avant-hier, sans un plus long séjour,
On pense de ma nièce avoir un mot d'amour !
Un fat, un freluquet, Bertin de Vauconcelle,
Oser lever les yeux sur votre fille Estelle !

LAMBERT.

Laurent, je n'y vois pas un si terrible mal :
Quand nous avons parlé de faire ici ce bal,
N'était-ce pas, songez, dans le dessein unique
D'éblouir ce monsieur par notre train magique ?
Et d'ailleurs, mon cher, ne sommes-nous pas sûrs
Qu'il ne doit pas la vie à des parents obscurs,
Que sa famille est noble et qu'un de ses ancêtres
Du grand François premier reçut d'aimables lettres ?
N'êtes-vous pas témoin, par vos yeux, chaque jour,
Que c'est un esprit droit et sans aucun détour ?
Il est tout cousu d'or, et l'argent qu'il dépense
Peut mettre bien des gens dans une heureuse aisance :
C'est donc, à mon avis, un homme compétent.
D'ailleurs, recommandé par un bon commettant,
Il a su s'attirer par sa noble conduite
Mon estime d'abord et mes faveurs ensuite.
Veuillez vous souvenir de ce bon lacéré :
Et vous-même ce jour, vous l'avez admiré.
Que m'importe à moi donc qu'il courtise ma fille,
Que ce noble vicomte entre dans ma famille,
Quand déjà vous avez exprimé le désir
De voir la belle Hermine à quelque grand s'unir ?

LAURENT.

Je désire vraiment, car vous êtes mon frère,
Que vous ne soyez point la dupe en cette affaire.
Mais, Lambert, quand j'ai vu, devant ces bonnes gens
Qui remplissent ce soir tous nos appartements,

Quand j'ai vu ce Bertin se pencher près d'Estelle,
De son souffle effleurer sa bouche noble et belle,
Lui parler à l'oreille et lui faire tout bas
Le misérable aveu d'un amour qu'il n'a pas,
Alors, mon cœur, serré de douleur et de rage,
Peut-être a vu de loin, se préparer l'orage.

LAMBERT.

Mais depuis quand, Laurent, le monde défend-il
Au jeune homme de bien, pour peu qu'il soit civil,
De causer librement avec une personne
Qu'il trouve dans un bal et qu'il affectionne.

LAURENT.

Lambert, c'est l'amitié seule que j'ai pour vous
Qui m'a porté tantôt à me mettre en courroux.
Mais retournez au bal ; en ces lieux, moi, je reste,
Ne pouvant supporter qu'un fou que je déteste
Fasse accroire à ma nièce, à la charmante Estelle,
Un mensonge aussi noir : sa passion pour elle !

LAMBERT.

Mon frère, calmez-vous. Ecoutez un instant :
Pour ce qui me concerne, oh ! je suis si content
Que, quoique ayant passé déjà la cinquantaine,
Je me sens rajeunir et je me trouve en veine
De danser aujourd'hui quelque belle polka
Ou même, si l'on veut, la polka-mazurka.
Adieu.

(Fausse sortie.)

      Si vous voyez cet impertinent Jule,
Dites-lui tout l'amour dont Vauconcelle brûle.
Ajoutez cependant que moi, je lui défends
De tendre à ce monsieur aucun vil guet-apens.
Car vous vous rappelez comment il considère

Ce billet déchiré. Je vous quitte, mon frère.

SCÈNE SIXIÈME.

LAURENT, puis JULES-MAURICE.

LAURENT.

Ah! petit insolent! Je l'ai vu, ton amour
Se porte sur Estelle, à qui tu fais la cour :
Tu viens jusque chez moi pour dédaigner ma fille,
Hermine Rosemond, si belle, si gentille !
Mais nous verrons comment tu sortiras de là,
Car je vais t'envoyer Maurice. Ah! le voilà !
Entrez donc, mon neveu, vous êtes à l'amende.

JULES.

Et pourquoi donc, mon oncle ? A vous, je le demande.

LAURENT

Comment ! un bal donné pour vous expressément !
Vous arrivez si tard !

JULES (regardant à sa montre.)

Neuf heures seulement.

LAURENT.

Votre montre va mal.

JULES.

L'heure de la paroisse.

LAURENT.

Vous m'avez mis, mon cher, dans une forte angoisse.

JULES.

Mon oncle, expliquez-vous, suis-je bien le héros
De la fête du jour?

LAURENT.

Vous tenez ce propos
A votre oncle Laurent, chargé par votre père
De vous aider toujours par ses conseils de frère.
Et quel heureux mortel, quel homme aimé des Dieux,
Pouvait me rendre assez satisfait et joyeux
Pour me porter, mon cher, à donner cette fête,
A supporter ce bruit qui me casse la tête?
Non, je ne connais point ce favori du ciel!
Jules, il faut m'en croire, il n'est point de mortel,
Capable de pousser votre oncle à la dépense,
Si ce n'est son neveu.

JULES.

Merci de l'indulgence

(A part.)

Hé! je ne conçois rien à ce long flux de mots
A tous ces mots mielleux qui tombent sur mon dos.

LAURENT.

A ce que je vous dis vous semblez ne pas croire.
Cependant je vous aime : oui, le fait est notoire.

JULES.

(A part.)

Dans ce dédale obscur, je m'égare, ma foi,
Et tâchant d'y voir clair, je m'y perdrai, je croi.

(Haut.)

Non, je ne doute pas de ce que vous me dites.
Mais à toute croyance, on trouve des limites.
Est-ce ma faute, à moi, si je reste étonné,
Moi que vous avez si souvent sermonné,
Et toujours sans motif? Pour faute puérile
De votre bon neveu vous échauffez la bile :
Il peut donc, en gardant un grand respect pour vous
Demeurer étourdi, sans vous mettre en courroux.

ACTE II.

LAURENT.

Voilà bien les enfants de ce siècle sublime
Qu'on proclame partout et grand et magnanime !
Eh quoi ! mon cher ami, vous ignorez encor
Ce proverbe usité qui vaut son pesant d'or :
« L'amitié que l'on a pour des fils et des filles
Nous doit faire punir leurs simples peccadilles. »
Oui, mon cher neveu, je me plais quelquefois
A vous gronder sans doute avec un air sournois :
C'est que mon cœur, trop plein d'une amitié sincère,
Désire un jour vous voir remplacer votre père,
Posséder ses vertus, ses belles qualités,
Biens rares, éternels et toujours convoités !
Croyez à ma parole et je vous la répète :
Jules, c'est bien pour vous que se donne la fête.

JULES.

(A part.)
Au dernier des derniers, poussons-le bravement.
(Haut.)
Dites, m'est-il permis de parler franchement ?

LAURENT.

(A part.)
Le petit polisson ! Il ne croit pas, il doute !
Mais mon piége est tendu ! Faut bien, coûte que coûte
Que tu sois pris.
(Haut.)
       Parlez, parlez à cœur ouvert.

JULES.

Oui, oui, je vous dirai tout ce que j'ai souffert,
Car je croyais vraiment la fête commandée,
Pour ce petit Français, à mine possédée,
Qui, venu seulement d'hier en Haïti,
Couvert de faux dehors, en noble travesti....

LAURENT.

A ces mots, arrêtez! vous êtes fou, je pense,
De croire que je mette en la même balance,
Vous, fils de mon feu frère et ce sale étranger
Qu'à grands coups de balai je voudrais saccager.
A la face d'un fils il a lancé l'insulte
Et de ce différend, vous voulez qu'il résulte
Que je donne pour lui repas, concert et bal!
Mon cœur ainsi jamais ne s'enracine au mal!
Eh! qu'il a dû souffrir! oui, c'est bien par contrainte
Que j'ai pu consentir, sans exhaler de plainte,
A laisser pénétrer chez moi ce polisson,
Sans pouvoir lui donner une bonne leçon.

JULES.
(A part.)

Qui donc a pu l'aigrir contre mon adversaire?
Il le faut : c'est bien dit. J'éclaircirai l'affaire.

(Haut.)

Ah! monsieur de Bertin, vous insultez les gens,
Vous déchirez leur bon en face des parents,
Et pour ne pas donner raison de votre audace,
Vous fermez votre porte! un vicomte de race!
Fi donc! vous me paîrez cette insolence cher
Quand je devrais aller vous tirer de l'enfer.

LAURENT.

Mais croyez-vous, mon cher, que ce de Vauconcelle
Ose faire l'amour à notre chère Estelle!
Oui, ce soir, je l'ai vu se poser carrément,
S'installer à ses pieds en véritable amant.
J'attends que vous ayez terminé votre affaire
Pour fouler tout aux pieds, lui déclarer la guerre.
Mais le pis de tout ça, savez-vous que Lambert
Protège cet amour? Pour moi, j'ai bien souffert

De voir cet insolent aux genoux de sa fille !
JULES.
Un petit freluquet, noble de pacotille !
LAURENT.
Voilà ce qui me met de si mauvaise humeur !
Oui, dès ce soir, Maurice, en jeune homme de cœur,
Vous devriez donner à monsieur le Vicomte
Quelques coups de bâton, en manière d'à compte.
Surtout gardez l'affaire au plus profond secret.
Comment vous battez-vous ? Si c'est au pistolet !
Je vous donne les miens. Adieu.

SCÈNE SEPTIÈME.

JULES seul.
     La pauvre Hermine !
On te préfère Estelle, ô ma tendre cousine !
Voilà pourquoi Laurent me porte à ce duel
Et veut, à ce monsieur, que j'écrive un cartel.
Rassurez-vous, mon oncle : il aura son affaire.

SCÈNE HUITIÈME.

JULES, BENJAMIN, CHARLES.

BENJAMIN.
Oh ! je suis furieux !
CHARLES.
    Je suis d'une colère !
JULES.
Apaisez-vous, messieurs. Tant d'agitation

Ne convient pas, je crois, à des gens d'action !
BENJAMIN.
Jules, ne raillez pas.
CHARLES.
Point de plaisanterie.
JULES.
Si vous ne voulez pas au nez que je vous rie,
Veuillez vous expliquer.
BENJAMIN.
C'est un petit manant !
CHARLES.
Peut-on se contenir ? C'est un impertinent !
JULES (riant.)
Je crois que la folie a fait bien des ravages,
Si j'en juge, messieurs, par vos fougueux visages.
BENJAMIN.
Au milieu d'un quadrille, il lui baise la main ?
JULES.
Mais de qui parlez-vous, cher et bon Benjamin ?
CHARLES.
En dansant la polka, toucher à sa figure !
JULES.
Et quel malheur, mon cher, s'il dansait en mesure !
Mais à moins d'être Œdipe, on ne peut deviner,
L'énigme que vous deux venez de me donner.
BENJAMIN.
Jules, cher camarade, il faut bien vous apprendre
Ce qui brûle mon cœur, va le réduire en cendre.
J'avais toujours juré de garder ce secret.
D'être avec les amis on ne peut plus discret,
Mais ce qui vous unit à l'objet de ma flamme

ACTE II.

Me force incessamment à vous ouvrir mon âme :
J'aime, hélas! d'un amour, d'un amour découvert
Cette tendre beauté, fille du sieur Lambert!
Et Charles, notre ami, pour la fille du frère
Brûle d'un saint amour qu'il a juré de taire !
Jugez de mon courroux, quand j'ai vu ce Bertin
Leur prendre dans ce bal, à ma face, la main,
Et poser sur leurs mains blanches comme la neige
Sur leurs doigts effilés, sa bouche sacrilége.

CHARLES.

A cet aspect aussi, tout mon sang se gonfla
Reflua vers ce cœur que je sens battre là.
Passant près de Bertin, le rouge à mon visage,
Je le touchai du bras et lui dis avec rage :
« Monsieur, veuillez passer là, dans ce cabinet ;
J'aurais à vous parler d'une chose en secret. »
Vous comprenez, messieurs, qu'il faut que cette insulte
Se lave dans le sang et sans bruit, ni tumulte.
De sorte que je viens, touchant au désespoir,
Vous prier de régler cette affaire ce soir.

BENJAMIN.

C'est Benjamin qui doit punir son insolence !
Laissez-moi lui plonger mon couteau dans la panse,
Et jouir du spectacle on ne peut plus pompeux
De l'entendre pousser des hurlements affreux.
D'ailleurs, Charles,

(Il lui montre une lettre.)

Voici ma lettre de demande
J'ai donc le pas sur vous, pour cette réprimande.

CHARLES (lui montrant aussi une lettre.)

Et regardez aussi ! voici la mienne ! Au sort !
Qui de nous deux, mon cher, lui donnera la mort ?..

JULES.

Arrêtez-vous ! Tout beau, ne courez pas si vite
Et n'allez pas ainsi, d'une façon subite,
Décider qui de vous doit être criminel,
En tuant le Bertin, dans un fameux duel.
Votre serviteur donc se présente lui-même
Pour défendre, non pas une fille qu'il aime,
Mais son honneur froissé ; car l'honneur, à mon sens,
Marche avant les amours. C'est vrai dans tous les temps.

CHARLES.

Oh ! non, moi je soutiens qu'il faut que mon épée
Lui fasse dans la chair une belle trouée,
Et qu'il est de mon droit, comme de mon devoir,
De montrer ce que peut le mulâtre ou le noir !

BENJAMIN.

A vous, ainsi qu'à Jule, il faut que je déclare,
Que, dût-on m'appeler et fantasque et bizarre.
En lion, j'agirai, je prendrai le haut bout,
Et je le poursuivrai, tant qu'il sera debout !

JULES.

Oh ! taisez-vous, messieurs. Il est bon, je le pense,
De savoir qui des trois aura la préférence.
Voici : je dois avoir sur vous le premier rang,
Et me battre d'abord avec ce petit blanc.
Primò, pour une insulte à moi bien personnelle ;
Secundò, pour la cour faite à la belle Estelle ;
Tertiò, se permettre et prétendre épouser
La fille de Laurent qu'il voulait courtiser !
Mais regardez plutôt. Il arrive en personne.
Il tremble assurément : son teint est pâle et jaune !

(Le vicomte entre.)

SCÈNE NEUVIÈME.

JULES, BENJAMIN, CHARLES, LE VICOMTE.

LE VICOMTE (à Charles.)

A vos désirs, monsieur vous voyez, je me rends.
J'ai tardé, n'est-ce pas? Il me fallait du temps
Pour finir une valse à nulle autre pareille
Avec une beauté qui la danse à merveille.
(S'inclinant.)
Bonsoir, monsieur Maurice! Ah! vous arrivez tard?

JULES.

Je n'aime pas le bal, préfère le billard.

CHARLES.

Vite je vous dirai le sujet de l'affaire.

BENJAMIN.

C'est à moi de parler.

CHARLES.

Bon. Voulez-vous vous taire.
(Au vicomte.)
Monsieur, vous savez bien le grand amour que j'ai
Pour Hermine Laurent. Vous m'avez outragé
En osant vous permettre envers elle une offense
Que je veux relever en toute diligence.
Oui, vous avez ce soir, osé baiser sa main!
Et le fait est réel, monsieur, j'en suis certain!

LE VICOMTE.

J'en conviendrai sans peine. Aux yeux de tout le monde,
J'ai pris un vrai plaisir à baiser à la ronde,
Toutes ces belles mains que toujours je touchais,
Avec un saint respect, plus saint qui fût jamais.

Or donc, vous comprenez, — la chose étant publique
N'a pu vous offenser. C'est clair et c'est logique.
De plus, veuillez compter l'immense quantité
De duels que j'aurais, — duels sans gravité.
Si tous ces beaux messieurs qui remplissent la salle
Se mêlaient avec vous de faire grand scandale :
Car, j'ai lieu de penser, je suis même bien sûr,
Qu'ici vous n'êtes pas le seul amant futur.
(Montrant Benjamin.)
Votre ami que voici pourrait aussi se plaindre,
Puisque le même fait a pu très bien l'atteindre.
Cependant, regardez. Il est calme, ma foi,
Et n'a pas, comme vous, tout le cœur en émoi.

BENJAMIN.

Cessez, monsieur, cessez. Ah! c'est ma bonhomie
Qui vous porte à pousser plus loin votre infamie !
Vous croyez bonnement que je vois à plaisir
Ce que vous avez fait, voulant nous avilir !
Eh bien ! apprenez donc le serment que sur l'heure,
Je viens de prononcer : Il faut ou que je meure
Ou que vous receviez de moi dans un duel,
Le coup qui doit trancher les jours du criminel !

LE VICOMTE.

De ce nouveau pays, j'ignore encor l'usage.
Mais je sais que partout, dit un fameux adage,
On devra recevoir à plaisir l'étranger,
Et ne chercher jamais à vouloir l'égorger,
Oh ! quand avec bonté tous les papas me voient,
Ce sont les jeunes gens qui du bras me coudoient,
Qui veulent pour un rien que je m'arme contre eux;
Messieurs, les pistolets sont souvent dangereux !
C'est à monsieur Maurice, en qui j'ai confiance

C'est à son caractère, à sa noble indulgence,
Que je laisse le soin de tout concilier.

JULES.

Fi donc, monsieur Bert'n ! vous semblez oublier
Qu'entre nous, il existe une petite affaire,
Que nous devons régler, s'il vous plaît. sans colère.

LE VICOMTE (tremblant.)

Comment ! Et vous aussi !

JULES.

Lorsque l'on se permet
Rien que pour se poser de détruire un billet,
Certain bon de valeur, de bonne signature,
Monsieur, c'est un soufflet qu'on lance à la figure
De celui qui signa ce billet ou ce bon :
Et lorsque celui-là n'exige pas raison
D'une si grave insulte, à mon sens, c'est un lâche
Qui mérite toujours quelques coups de cravache.
Mais quand nuit comme jour, l'insulté tracassé,
Fait rechercher partout celui qui l'a froissé,
Et que l'impertinent, par défaut de courage,
Se renfermant chez lui, refuse tout message,
Alors c'est lui, monsieur, qui mérite des coups.
Donc, si vous persistez, je commence sur vous.

(Il le menace.)

LE VICOMTE (reculant.)

Ecoutez-moi, monsieur ! oh ! je vous le proteste
Que si, pour mon malheur, je fus quelque peu leste,
Je n'ai pas prétendu vous insulter du tout.
Je vous dirai pardon.

JULES.

Ce n'est pas de mon goût.
Consentez seulement à recevoir la somme :

Ce sera se conduire en galant gentilhomme.
LE VICOMTE.
Non, non, je ne puis plus la recevoir de vous.
Que diraient vos parents?
JULES.
Ah ! craignez mon courroux.
BENJAMIN.
Jules ! c'en est assez ! L'insulte est assez grave !
CHARLES.
Dans le sang seulement il faut qu'elle se lave !
JULES s'approchant du vicomte.)
Eh bien ! décidez-vous !
LE VICOMTE.
Non, je n'accepte pas.
JULES.
Puisque vous m'y forcez, je fais agir mon bras.
(Il lui donne des coups.)
LE VICOMTE (criant.)
On m'assassine ici !

SCÈNE DIXIÈME.

JULES, BENJAMIN, CHARLES, LE VICOMTE, LAURENT, HERMINE.

LAURENT (entre pendant que Jules frappe le vicomte.)
Sortez de ma présence,
Traître qui méritez la roue ou la potence,
Qui violez les lois de l'hospitalité,
Jusqu'à vouloir frapper une célébrité !
Sortez ! Que vous a fait monsieur de Vauconcelle ?

Avant tout, répondez. Pourquoi cette querelle ?
JULES.
Vous m'avez dit, mon oncle, et tout à l'heure ici :
« Ce vicomte Bertin, dont on est tout farci
Doit vous rendre raison de l'insulte à vous faite. »
LAURENT.
Etes-vous fou, voyons ! mais vous perdez la tête !
Sortez d'ici, sortez, vous, Charles, Benjamin,
(Ils sortent.)

Et veuillez agréer, noble monsieur Bertin,
Mes regrets empressés. Que tout ça se termine !
Mais je sors et vous laisse avec ma fille Hermine.

SCÈNE ONZIÈME.
LE VICOMTE, HERMINE.

HERMINE.
Comment ! oser frapper un homme sans appui !
LE VICOMTE.
Hermine, je n'ai point reçu des coups de lui.
Ah ! s'il avait osé me frapper à la face,
Si Jule avait poussé jusque là son audace,
C'est alors que j'aurais oublié mon amour,
Sentiment dont mon cœur est rempli nuit et jour,
Que j'oublirais Hermine et notre amour honnête,
Pour le frapper au cœur, ou sinon à la tête.
Tenez, voyez plutôt.
(Il lui montre un poignard.)

Ah ! vous m'auriez maudit,
Je serais loin de vous à tout jamais proscrit,
Mais j'aurais conservé la chose dont la perte

Cet élégant Paris, ô cité colossale
Où je veux éclipser par mon luxe divin
Les plus grands habitants du faubourg Saint-Germain.
Sans peine, on oubliera mes péchés de jeunesse.
Pour atteindre ce but, employons notre adresse.
Cependant si Maurice, à Bertin se présente
Encor avec l'argent, il faut que je consente
A le prendre de lui, puisqu'il veut m'y forcer,
Et que si je refuse, il pourra s'offenser.
Sandis ! voici venir la sémillante Estelle.

SCÈNE TREIZIÈME.

LE VICOMTE, ESTELLE.

ESTELLE.

Qui sort d'ici, Bertin ? Est-ce, mademoiselle......
LE VICOMTE.
Hermine Rosemond. Et dans son désespoir,
Je pourrais parier qu'elle mourra ce soir.
ESTELLE.
Et qui la rend, mon cher, si fort désespérée.
LE VICOMTE.
L'amour que j'ai fait voir pour vous dans la soirée.
ESTELLE.
Cependant avec elle et deux fois dans le bal
Vous avez mazurké.
LE VICOMTE.
    Bien ! vous me faites mal,
A moi qui donnerais pour votre beau sourire,
Si j'étais Empereur, mon sceptre et mon empire.

Tenez, lisez plutôt cette suscription.
(Il lui montre une lettre.)
ESTELLE.
Oui, je vois clairement.... mais mon émotion...
LE VICOMTE.
Vous ne devinez pas ce que je dis au père :
Je demande la main de celle qui m'est chère.
ESTELLE.
Ah ! vous êtes charmant !
LE VICOMTE.
Et vous belle à ravir !
Que je baise la main que je voudrais bénir !
(Il lui baise la main.)
Dieu ! quels jolis brillants.
ESTELLE (lui donnant une bague.)
Gardez-les, mon aimable.
(Musique au dedans : galop.)
Mais veuillez écouter ce galop admirable,
Qu'avec vous, mon ami, je voudrais galoper.
LE VICOMTE (à part.)
C'est la fin de la fête : il me faut décamper.
(Il enlace Estelle, commence le galop. — Tous deux sortent par une porte, tandis que Lambert et Laurent rentrent par une porte opposée.)

SCÈNE QUATORZIÈME.

LAMBERT, LAURENT, puis ESTELLE, HERMINE,
UN DOMESTIQUE.

LAURENT.
La fête va finir. Dans nos salles si pleines

On ne voit d'invités que deux à trois douzaines.
Laissons-les se distraire et venons en ces lieux
Où je vous conterai quelque chose d'affreux,
Une légèreté, mieux une impertinence,
Dont il faut à tout prix que nous tirions vengeance.
Savez-vous que ce Jule est un franc polisson,
Et qu'il mérite enfin une bonne leçon ?
Savez-vous bien qu'il a voulu faire une affaire
A Monsieur de Bertin que partout on vénère ?
Savez-vous qu'à propos de ce bon lacéré,
Ce neveu que je hais, ce fils dénaturé,
L'insolent, s'est permis de frapper sans relâche
Sur le dos de Bertin à grands coups de cravache ?

LAMBERT.

Ah ! plût à l'Eternel que mon charmant neveu
Ne se fût pas vraiment contenté de si peu !
Qu'il l'eût roué de coups et qu'il l'eût sur la place
Laissé mort à jamais pour punir son audace !

LAURENT.

Ah ! le trait est plaisant ! Et je n'en reviens pas !
Un homme dont tantôt vous faisiez si grand cas !
Comment donc a-t-il pu mériter votre haine ?

LAMBERT.

De tout cela, Laurent, pourquoi vous mettre en peine ?
N'est-ce pas vous, mon cher, qui tout à l'heur encore,
Parliez avec aigreur de ce petit butor,
Qui le traitiez de fat et qui, dans votre rage,
Auriez aux pieds foulé toutes les lois d'usage.

LAURENT.

C'est vrai. Tandis que vous, vous étiez si content
Que vous vouliez danser à votre âge ! Et pourtant,
Moi, j'ai pris mon parti. De la maison je chasse

Ce Jule impertinent, puni par ma disgrâce.
Nous verrons qui des deux aura perdu le plus
De l'oncle ou du neveu que de mon cœur j'exclus.

LAMBERT.

Et moi, je vous dirai que, n'étant pas seul maître,
Vous n'avez pas le droit de faire disparaître
De chasser, de bannir toujours de la maison
Un commis, un neveu qui porte notre nom.
Occupez-vous plutôt de veiller votre fille,
D'empêcher qu'un malheur n'arrive à la famille,
Car déjà, je le vois, Bertin que vous prônez
Se moquera de vous, en se pinçant le nez.

LAURENT.

Vous qui vous entendez dans les conseils, mon frère,
Gardez-les pour vous-même : et sans être sévère
Dans mon opinion, je vois, c'est pas douteux,
Ce qui fondra sur vous bientôt de malheureux,
Sur vous qui protégez la passion d'Estelle,
Son frénétique amour pour Monsieur Vauconcelle.

(Entrent Estelle et Hermine.)

ESTELLE.

Oh! je suis fatiguée ! oh, mon papa, merci,
Pour ce concert, ce bal donnés par vous ici !
Que de franche gaîté ! Je suis toute joyeuse !

HERMINE.

Pour moi, mon cher papa, je suis très curieuse
De connaître quel jour, vous ferez de nouveau
Une pareille fête ! ô mon Dieu ! c'était beau !

LAURENT.

Peste ! comme tu vas !

UN DOMESTIQUE (donnant une lettre à Lambert.)

Monsieur, à votre adresse.

(Remettant une lettre à Laurent.)

Pour vous, monsieur Laurent.

LAURENT.

Et va-t'en, rien ne presse.
(Le domestique sort. Silence, pendant
lequel les deux frères lisant.)

LAMBERT (riant.)

Ah ! sur ma foi d'honneur, que c'est divertissant !
Ce que contient ce pli, je vous le donne en cent !

LAURENT (riant aussi.)

Eh ! devinez un peu ce que contient ma lettre !
On aurait pu, je crois, ne pas me la remettre.

LAMBERT (toujours riant.)

C'est monsieur, mon commis, ce sot de Benjamin,
Qui, de ma tendre enfant, me demande la main.

LAURENT (toujours riant.)

Le plaisant ! le farceur ! Quelques grains d'éllébore
Pourraient s'administrer à notre mirliflore.
Monsieur Charles Constant, qui brûle de l'ardeur
D'épouser mon Hermine ! Oh ! pour moi, quel honneur !

HERMINE.

Une audace, vraiment qu'il faut bien qu'on relève

ESTELLE.

A tous ces sots discours nous devons faire trève !
Déchirez cette lettre et voyez l'écrivain
Pour lui dire en un mot qu'il est un vrai bambin.

LE DOMESTIQUE (entrant avec une lettre.)

Monsieur L. Rosemond

LAMBERT.

Encore une missive.

LAURENT.

Pour Lambert ou pour moi ?

ACTE II.

LE DOMESTIQUE.

Drôle d'alternative :
Impossible de voir, messieurs, à qui des deux
Est adressé ce pli fait sur papier soyeux.

LAURENT.

Et qui te l'a remis ? Allons, réponds et donne.

LE DOMESTIQUE (remettant la lettre à Laurent.)

Une espèce de groom qui n'a nommé personne.

(Le domestique sort.)

LAURENT (remettant la lettre à Lambert.)

Lambert, ouvrez la lettre et lisez-la tout haut
Nous saurons bien à quoi nous en tenir bientôt.

LAMBERT (lisant.)

Port-au-Prince, 20.

M' L. Rosemond.
Présent.
Monsieur,
Permettez-moi de vous ouvrir mon cœur : il m'est doux de vous annoncer que j'aspire au bonheur de conduire votre fille à l'autel et de lui donner le titre de Vicomtesse. Songez, monsieur, que j'attends une réponse, qui, si elle était favorable, me procurerait le bonheur, chose si rare dans ce monde !

Vicomte BERTIN de VAUCONCELLE.

Hum ! c'est embarrassant ! Nul mot, nulle pensée
Qui fasse voir à qui la lettre est adressée.

ESTELLE.

Mon père, le moment est arrivé, je croi,
Où vous devez permettre à votre fille, à moi,
De vous ouvrir son cœur, avec cette franchise,
Avec cette pudeur qui la caractérise.
Le vicomte Bertin ici m'a dit un jour :
« Mon cœur brûle pour vous d'un éternel amour. »
Mais nous avions juré de cacher dans notre âme,

Nos entretiens secrets, notre céleste flamme,
Jusqu'au jour bienheureux où vous auriez en main,
La lettre de demande écrite par Bertin.
Si dans cette missive, il ne m'a point nommée,
Vous voudrez excuser sa flamme comprimée.

HERMINE.

Oh! ce brillant discours me frappe de terreur!
Non, je ne pensais pas qu'on pût de la candeur
Se moquer à ce point!

ESTELLE.

Que dites-vous, madame?

HERMINE.

Je dis que vous mentez d'une manière infâme,
Et que jamais Bertin n'a pu vous déclarer
L'amour dont aujourd'hui vous voulez vous parer.
Mon père, c'est à vous qu'appartient cette lettre,
Papa, vous devriez vous la faire remettre.
Car je ne prétends point du tout céder le pas
A celle que Monsieur Bertin n'adore pas.
Oui, je puis l'avouer à toute l'assistance,
Me moquant de vous tous et de la médisance :
Cet homme m'a promis un amour éternel!
Oui, je puis le jurer à la face du ciel!

ESTELLE.

Elle ose soutenir un semblable mensonge!

HERMINE.

Vous avez dans le cœur un feu qui vous le ronge!
Tâchez de l'étouffer, car, dans l'occasion
J'emploîrai contre vous la confrontation!

ESTELLE.

La confrontation! c'est alors que, madame,
Je vous verrais rougir si vous avez une âme;

Car, devant mon amant, à moins d'être sans cœur,
Vous voudrez conserver un peu plus de pudeur.

LAURENT.

Pour moi, je vais couper le nœud de la dispute.

LAMBERT.

Un nouvel Alexandre !

LAURENT.

Et dans une minute !
Il demeure constant et je suis convaincu
Que je suis le vainqueur, que vous êtes vaincu.
Oui, je connais trop bien les vertus de ma fille,
De cette noble enfant, l'espoir de sa famille,
Et suis persuadé, vous devez l'être aussi,
Que c'est la vérité, ce qu'elle avance ici.
De la lettre, Lambert, faites-moi donc remise,
Laissez-moi donc agir dans l'affaire à ma guise,
Vous promettant vraiment, rien que pour votre honneur
De garder ce secret jusqu'au fond de mon cœur.

LAMBERT.

Farceur, vous plaisantez. Pourquoi vous remettrai-je
La lettre que je tiens ? Pourquoi ce privilége,
Quand je suis convaincu de la sincérité
De l'aveu de ma fille.

LAURENT.

Ah ! Bah ! la vérité
N'a point de faux dehors et toute l'apparence
Du mensonge effronté. J'en tirerai vengeance.
Je vous préviens d'abord qu'il est de mon vouloir
Que vous me remettiez la lettre dès ce soir.

HERMINE.

Bravo ! bravissimo !

ESTELLE.

Mais voyez l'ingénue !

Dieu ! se moquer ainsi de toute retenue !
LAMBERT.
Il est de mon vouloir ! Savez-vous, futur roi,
Que vous me remplissez pour vous d'un saint effroi ?
Savez-vous que je tremble et que je me décide
Pour ne pas mériter la mort du régicide ?
LAURENT.
Voici, n'en doutez pas, ma résolution :
La maison sera mise en liquidation !
LAMBERT.
C'est vous qui le voulez.
LAURENT.
Cette initiative
Ne doit pas m'empêcher de prendre la missive.

       (Il saute sur Lambert pour lui arracher la lettre. Elle se déchire et chacun d'eux en a un morceau.)

ESTELLE (à Hermine.)
Oui, oui, je veux sortir vainqueur dans ce conflit !
HERMINE (à Estelle.)
Quand je l'épouserai, vous mourrez de dépit.

(Le rideau baisse.)

ACTE TROISIÈME.

L'appartement du Vicomte.

SCÈNE PREMIÈRE.

LE VICOMTE (en déshabillé du matin.)
Six heures du matin, après un jour de fête,

On doit penser d'abord à s'arroser la tête !
Rien n'est plus salutaire. Une carafe d'eau,
Ça rafraîchit beaucoup le pesant chapiteau !
Germain !
(Il sonne d'abord doucement, puis avec force.)

GERMAIN (entrant.)

Monsieur !

LE VICOMTE.

Lourdeau !

GERMAIN.

Mousse du Théodore,
De notre beau trois-mâts, pavillon tricolore,
Je suis peu familier à ce nom de Germain
Que vous m'avez donné seulement ce matin,
Et suis tout étourdi s'il faut que je réponde
A ce nom que jamais je n'ai porté sur l'onde.
Que ne m'appelez-vous : « Mousse, mousse, » tout court ?

LE VICOMTE.

Ah ! ce serait charmant ! comptes-tu rester sourd
Quand je dirai : « Germain, » d'une voix noble et claire,
Devant ces bonnes gens que j'attends pour affaire ?
L'article principal de notre arrangement
Est qu'à ce nom tu dois répondre absolument.
Apprends que je perdrais tout mon brillant prestige,
Que je serais flambé dans l'affaire en litige,
Si l'on peut découvrir que d'un mousse du bord
J'ai fait le serviteur d'un vicomte-mylord.

GERMAIN.

C'est bien, c'est bien, vicomte.

LE VICOMTE.

Une cruche d'eau fraîche.
Va, de l'activité.

GERMAIN (sortant.)
Monsieur, je me dépêche
(Il sort.)

LE VICOMTE (seul.)
Dans un moment il faut que je fasse venir
Le maître du bazar: je dois l'entretenir.
Il porte un nom de juif, mon bon propriétaire :
Samuel-Isaac. Mais à cela que faire?
Je pourrai vendre à lui ces deux fameux brillants,
Pour payer à Borel les neuf cent vingt-cinq francs
Que je lui dois d'honneur : cinq cents francs de passage,
Et le reste avancé pour que le personnage,
Décoré comme il est d'un si célèbre nom,
Se soutienne d'abord dans le premier salon.

GERMAIN (avec la cruche.)
Voici, voici, monsieur.

LE VICOMTE (se baissant devant un lavabo.)
Verse l'eau sur ma tête.
(Pendant que Germain verse.)
Doucement, doucement.
(Après qu'il a eu fini.)
Passe-moi la serviette.
(Il s'essuie la tête.)
Ah ! cela fait du bien ! Tête froide, pieds chauds
Pieds bien renfermés dans de moelleux sabots,
Telle est, en termes vrais, l'ordonnance ordinaire
De nos docteurs du jour. Ils font bien leur affaire !
(A Germain.)
Descends et prends pour moi chez monsieur Isaac
Une pipe en faïence, avec du bon tabac.
Il portera le tout au débit de mon compte.
Et puis tu lui diras que monsieur le Vicomte
Désire lui parler dans sa chambre un moment.
(Germain sort.)

ACTE III.

Mes sens sont reposés. Maintenant un calmant :
Prenons de ce sedlitz à la manière anglaise.
Cela ne peut manquer de me mettre à mon aise.

(Il s'approche d'une table, et prépare et
boit une prise de sedlitz.)

(Après avoir bu.)

Dire que nos voisins n'ont rien de bon chez eux !
La poudre de Sedlitz ! vraiment ! qu'ils sont heureux,
D'avoir pu découvrir cette poudre sublime,
Meilleure, à mon avis, que la poudre du crime !
Eh ! voulez-vous savoir pourquoi ces bons Anglais
Sont beaucoup plus doublés que nous autres Français ?
C'est qu'en se réveillant, après un jour d'orage,
Ils avalent gaiment ce bienfaisant breuvage.
Breuvage bienfaisant, qui calmes la chaleur,
Sedlitz, je te bénis du plus profond du cœur.

GERMAIN (avec la pipe et le tabac.)

C'est du bon caporal. Et voici votre pipe.

LE VICOMTE.

Bourre-la de tabac. Connais-tu le principe ?

GERMAIN (bourrant la pipe.)

Comment ! vous voudriez qu'un bon mousse ignorât
Un principe établi, base de son état !

LE VICOMTE (prenant la pipe.)

Bon. Donne-moi du feu.

(Il allume la pipe. Après avoir envoyé quelques bouffées.)

Quoi qu'en dise Aristote
Le tabac est divin.... Et que t'a dit mon hôte ?

GERMAIN.

Que pour lui c'est vraiment un insigne plaisir,
Un bonheur ineffable, à monsieur d'obéir.

LE VICOMTE (fumant.)

Bien ! va-t'en.

(Germain sort.)

Aujourd'hui je recevrai sans doute
Visite sur visite. Et trois que je redoute !
Ils ne peuvent manquer, après ce que j'ai fait,
Les uns, de m'apporter quelque tendre souhait,
Les autres, de vomir contre moi peste et rage,
De venir m'insulter pour prix de mon outrage.
Mais ai-je eu le bonheur d'arriver à mon but ?
Les deux pères ont-ils mordu dès le début ?
J'éclaircirai cela, car, après ma sortie,
On a dû commencer la brillante partie.

SCÈNE DEUXIÈME.

LE VICOMTE, SAMUEL-ISAAC.

ISAAC.

Pardonnez-moi, Vicomte, et veuillez m'excuser.
Avec moi, m'a-t-on dit, vous désirez causer.

LE VICOMTE.

Rentrez, monsieur, rentrez. Permettez que je fume.
Votre tabac est bon : il faut que je le hume.
Mais vous pouvez, mon cher, sans façon vous asseoir.

ISAAC.

Je resterai debout. Je connais mon devoir.

LE VICOMTE.

En venant séjourner dans votre Port-au-Prince,
Je comptais y mener un train qui n'est pas mince;
Mais ne connaissant pas les us de ce pays....
Mon ami, mettez-vous.

ISAAC (s'asseyant.)

Oh ! je vous obéis.

LE VICOMTE.

Je me trouve arrêté, mais de telle manière

Que je dois maintenant ramper dans la poussière.
C'est fait pour m'ennuyer.

ISAAC.

Je ne comprends pas bien.

LE VICOMTE.

Oh ! vous saisirez tout durant cet entretien.
Si je vous ai loué ce petit pied-à-terre,
Qui, soit dit en passant, ne peut me plaire guère,
Vous comprenez, monsieur, qu'un homme de mon rang
N'y doit pas habiter trop longtemps : je suis franc.
Eh bien ! je trouve en ville un logement commode,
Me convenant beaucoup, moi, Vicomte à la mode :
Superbe pavillon, cours derrière et devant
Un beau balcon ouvert de tous côtés au vent,
Sans parler d'un jardin où l'on cueille des roses,
Des jasmins, des grands-ducs, des fleurs sitôt écloses.
Ajoutez à cela qu'on trouve dans la cour,
Ecurie et remise, en bon état toujour ;
Ça me va : car, voulant faire bonne figure,
Je dois me procurer et chevaux et voiture.

ISAAC.

Oui, c'est très nécessaire. Et pourquoi plus tarder
A vous mettre à votre aise, enfin à posséder
Ce charmant pavillon ? Quel sot propriétaire
Ne voudrait contracter avec vous une affaire ?
Oui, monsieur de Bertin, louez ce logement,
Meublez en acajou ce bel appartement,
Achetez des chevaux, voiture avec carrosse,
Ecrasez ces gens fiers de leur petit négoce,
Les lions du pays, trop pleins de leur avoir :
Si pour notre malheur, ils ont quelque savoir,
Ils disent qu'ils ont l'or de la Californie
Et de Nostradamus le suprême génie.

LE VICOMTE.

C'est mon idée, à moi. Mais pour l'exécuter,
Cet argument auquel on ne peut résister,
Est plus que nécessaire et même indispensable.

ISAAC.

Sur cet article, à vous, aucun n'est comparable !
Puisque nous en parlons, permettez franchement
Que je vous dise ici — je ne sais si l'on ment,
Mais j'ai lieu de penser que c'est vérité pure —
Que je vous dise net à quel point on assure
Que va votre fortune. On prétend qu'en argent
Vous pouvez réunir, sans être diligent,
Dix millions de francs, sans compter le domaine
Que votre aïeul avait dans le pays du Maine.
Je passe sous silence, — on n'en finirait pas —
Vos brillants, vos bijoux dont vous faites peu cas,
Ainsi que le château de ce pays de Galle,
Superbe, flamboyant, demeure impériale,
Où l'on vient de trouver la mine de charbon,
Qui vous donne par an, je crois un million.
Ce n'est pas tout encor. On dit partout en ville :
« Dans la dernière guerre, il vous fut très facile,
Très simple, de prêter et sans nul intérêt
A la France vingt-deux ou vingt millions net,
En vendant seulement certain fameux carrosse,
Que vous aviez laissé dans un coin, en Ecosse. »
Ainsi, vous voyez donc, après cet exposé,
Que vous pouvez atteindre où vous avez visé.

LE VICOMTE.

C'est la vérité pure. Et les grandes nouvelles
Viennent dans ce pays, avec de grandes ailes.
Mais, je vous le répète, ignorant tout-à-fait
L'usage d'Haïti dont je suis inquiet,

Je m'étais seulement muni de fortes traites,
A quatre-vingt-dix jours, échéances honnêtes,
Et je suis descendu, la poche sans le sou,
Ce qui peut me forcer à vivre dans un trou,
Car, dans votre pays, on parle peu d'escompte.

ISAAC.

Avec facilité, mon cher et bon Vicomte,
Vous trouverez de l'or, de l'argent bel et bon,
Vous en aurez beaucoup et même par foison,
Et si je ne craignais de vous offrir ma bourse....

LE VICOMTE.

Non, je vous remercie et j'ai d'autre ressource.
Je vous ai fait monter rien que pour vous offrir
Ces brillants dont je veux à tout prix m'affranchir.

(Il lui montre les bagues.)

ISAAC (examinant les bagues et réfléchissant.)

Belles bagues, vraiment ! J'en avais deux pareilles !
Attendez ! qu'ai-je donc fait de ces deux merveilles ?
J'ai vendu la première à Lambert Rosemond.
La seconde, je crois.... à quelqu'un qui répond...
Parbleu ! c'est à Laurent !

LE VICOMTE.

Deux bijoux de ma mère !
Mais, elle est morte ! hélas ! sa mémoire m'est chère !

ISAAC (attendri.)

Oh ! conservez, monsieur, ces bijoux à jamais.

LE VICOMTE (pleurant.)

Non, je vous les vendrai ! ma mère ! je l'aimais !
En les voyant, des pleurs inondent mon visage,
Ne pouvant oublier ma mère et mon jeune âge.
En vendant ces bijoux, je taris tous mes pleurs
Et trouve enfin un terme à mes justes douleurs.
Estimez-les, voyons.

ISAAC.

En courante monnaie
Six mille — du pays — et comptant je vous paie.

LE VICOMTE.

Vous ajouterez bien mille gourdes dessus.

ISAAC.

Non, je ne mettrai rien, pas une obole en plus :
C'est pour vous obliger que je vous les achète.

LE VICOMTE.

Prenez-les, mon ami.

ISAAC.

(A part.)

Vraiment ! que je suis bête !
Je devais lui donner mille gourdes en moins.
(Haut.)
Vous pairai-je en papiers ?

LE VICOMTE.

Pour de pressants besoins
Je voudrais bien avoir en francs une partie.

ISAAC.

Combien ?

LE VICOMTE.

Mais mille francs. Et sur ma sympathie
Désormais vous pouvez....

ISAAC.

C'est dit. Dans un moment,
Je vous apporterai votre argent sûrement.

SCÈNE TROISIÈME

LE VICOMTE, GERMAIN.

—

LE VICOMTE (seul.)

Germain !

GERMAIN.
Monsieur !
LE VICOMTE.
Germain, surveille bien la porte,
Ne l'abandonne pas un instant. — Fais en sorte
De m'annoncer toujours ceux qui viendront me voir.
Alors je te dirai s'il les faut recevoir.
(Germain sort.)
Borel sera payé ! Je pourrai mettre en caisse
Quelques gourdes en plus. Hé ! Bertin ! le temps presse !
Tu ferais bien d'aller chez Laurent et Lambert.
Qu'ont-ils fait de ton pli ? S'ils ne l'ont pas ouvert ?
GERMAIN (au dehors.)
Monsieur Lambert !
LE VICOMTE (riant.)
L'aîné ! c'est par droit de naissance !
Est-ce aussi de conquête et de noble vaillance ?
(Haut.)
Germain, faites entrer.

SCÈNE QUATRIÈME.

LE VICOMTE, LAMBERT.

LAMBERT.
Devais-je si matin
Me présenter ainsi chez monsieur de Bertin ?
LE VICOMTE.
A toute heure du jour, si vous voulez me faire
Le plus grand des honneurs, ô vous que je vénère,
Présentez-vous chez-moi sitôt que vous voulez
Et l'on vous ouvrira les deux battants, allez.
Mais permettez-moi donc que je vous complimente

Sur la fête d'hier.
LAMBERT.
        Fête peu conséquente,
Echantillon.... petit des bals que nous donnons.
LE VICOMTE.
Pour ces bals, vous mettez dehors beaucoup de fonds.
Et permettez encor que je vous remercie
De m'avoir invité. Bonheur que j'apprécie !
LAMBERT.
Oh ! pourquoi me combler ! vous êtes trop poli !
Oui, oui, mon cher monsieur, si je poussais l'oubli
A ce point — de ne pas inviter à la fête
Un homme comme vous — ce serait malhonnête,
Et je demanderais que Dieu me condamnât
A commettre sur moi le plus noir attentat.
Mais venons, je vous prie, au sujet qui m'amène :
Hier, vous m'avez fait sans vouloir de la peine,
Car, à la fin du bal, recevant votre pli,
J'eus avec ce Laurent — Laurent s'est avili —
Une altercation.
LE VICOMTE.
        Et pourquoi la querelle?
Le pli portait mon nom : Bertin de Vauconcelle.
LAMBERT.
Ce n'est pas là le mot. Vous ne comprenez point.
Mon frère soutenait, avec son embonpoint
— Mais vous riez, monsieur, et semblez ne pas croire.
Cependant c'est bien vrai, quoique très dérisoire —
Oui, Laurent soutenait que la lettre n'ayant
Ni mon nom, ni le sien — mais c'est un faux-fuyant —
Ce pouvait être à lui qu'elle était adressée
Comme à moi-même. Ainsi la chose s'est passée.
Savez-vous bien, monsieur, qu'en agissant ainsi,

La honte atteint Laurent, atteint sa fille aussi.
Que diable! c'est bien clair, bien prouvé, bien logique,
— Et la chose n'est pas du tout problématique —
Que si vous écriviez une lettre à Laurent
Son nom que vous savez y serait inhérent.
— D'où je conclus, mon cher, raison démonstrative,
Que c'est à Lambert seul qu'appartient la missive.
Parlez. Que dites-vous de ce raisonnement?

LE VICOMTE.

Clair, lucide, il ne peut manquer de fondement.
Je ferai mon excuse à monsieur votre frère
Et je le supplirai d'oublier cette affaire.

LAMBERT.

Oh! gardez-vous en bien. Nous sommes brouillés net.
A ce propos, je vais dévoiler un secret:
Samedi, parcourez la Feuille du commerce,
Vous y verrez l'avis qui brise, qui renverse
L'association. Chacun, de son côté,
Travaille sur son nom.

LE VICOMTE.
    Est-ce la vérité?
Quoi! mais vous m'effrayez! La maison est dissoute!

LAMBERT.

Oh! c'est bien décidé. Sur cela, plus de doute.
Ne m'en accusez pas, accusez ce Laurent
Qui voulait se poser comme un vrai concurrent.
N'en doutez pas, peut-être il poussera l'audace
Jusqu'à venir ici vous faire une menace;
Peut-être, il enverra son complaisant neveu,
Dont il se sert parfois, insolent boute-feu!
Mais s'il ose toucher à l'amant de ma fille,
Il sera désormais rayé de ma famille:
Oui, je puis vous donner avec plaisir ici

La main de mon enfant par le pli que voici.
(Il lui remet une lettre.)

LE VICOMTE (prenant la lettre.)

Oh ! vous avez daigné m'accorder cette grâce !
Permettez donc, monsieur, qu'un gendre vous embrasse.
(Il se jette au cou de Lambert.)

(Baisant la lettre.)

Lettre que je chéris, qui faites mon bonheur,
Je vous crée en ce jour, messagère d'un cœur :
Portez à mon Estelle, à celle que j'adore
La joie en ce moment dont mon teint se colore.

LAMBERT.

O tableau ravissant d'un amour pur et vrai,
Vous me rendez content, joyeux, heureux et gai !

LE VICOMTE.

Oui, ce que je vais faire est une grande chose !
Je connais bien, monsieur, la loi que je m'impose.
Et je veux, dès ce jour, qu'ensemble nous prenions
Un jour pour le contrat, pour ses conditions.
De la belle Haïti, je ne sais pas l'usage.
Mais chez nos bons Français, en France, un mariage
Quand il est arrêté, convenu, décidé
Ne traîne nullement, vite est consolidé.
Car, pourquoi retarder un bonheur sur la terre !
Notre joie est si courte, hélas ! si passagère !

LAMBERT.

Je partage, Bertin, votre avis là dessus.
Pour moi, je n'ai jamais approuvé cet abus
Qui vous force à garder chez vous, toute une ann..
Celui qui doit avoir votre fille bien née.
Nous pourrons en causer là bas plus amplement
Car, nous vous attendons aujourd'hui sûrement.
Si vous le désirez, mon cher, aujourd'hui même

Rejetant loin de nous un très mauvais système,
Nous fixerons l'époque où je dois vous unir,
A celle qui me cause un si charmant plaisir.
Mais avant tout souffrez que je vous entretienne
D'une chose qu'il faut de Bertin que j'obtienne.
Notre maison étant en liquidation,
Je dois fonder une autre association,
Ne pouvant travailler tout seul dans le commerce.
Eh bien ! d'un doux espoir maintenant je me berce :
Veuillez mettre à côté la noblesse, le sang,
Oubliez, cher Bertin, un moment votre rang,
Rentrez dans la maison et sans cérémonie,
Elle s'appellera Lambert et compagnie.

GERMAIN (au dehors.)

Monsieur Laurent !

LAMBERT (en colère.)

Il ose !

LE VICOMTE.

Eh ! du calme, tenez.
Il n'arrivera pas ! mes ordres sont donnés.
(A Germain.)
Germain, je ne reçois en ce moment personne.

LAURENT (au dehors.)

Je le veux, j'entrerai.

LAMBERT.

Mais Laurent déraisonne !

GERMAIN (au dehors.)

Monsieur Laurent prétend de force pénétrer !

LE VICOMTE.

(Fausse sortie.)
Je suis à vous. Je sors et vais lui démontrer
Que causant pour cette heure, avec vous, mon beau-père,
Je ne peux, ni ne dois le voir pour nulle affaire.

LAMBERT (Lambert arrêtant le Vicomte.)
Restez.

LE VICOMTE (à Germain.)
Fais déguerpir, Germain, et promptement
Cet ennuyeux d'ici.
(A part.)
Pour un petit moment.

GERMAIN (entrant.)
Ce monsieur se résigne et s'en va tout colère,
Vous maudissant peut-être et maudissant son frère.
(Il sort.)

LAMBERT.
Mariage rentré ! Laurent mourra, bien sûr !
Perdre ainsi son bon frère est pénible ! c'est dur !

LE VICOMTE.
Nous en étions, je crois....

LAMBERT.
Je vous disais, Vicomte :
« A cet arrangement trouvez-vous votre compte ? »

LE VICOMTE.
Beau-père, j'ai des fonds sur les chemins de fer,
Dans les banques, partout, à Londre, à Manchester,
Mais de ces fonds placés, véritable Pactole,
Non, je ne voudrais pas retirer une obole.

LAMBERT
Et qui vous forcera de déplacer vos fonds ?
Laissez-les donc, Bertin, puisqu'ils sont si féconds.
Apportez avec vous le nom de Vauconcelle :
Notre maison jamais n'aura de parallèle.

LE VICOMTE.
J'accepterai votre offre à deux conditions.

LAMBERT.
J'accepte, sans savoir, vos propositions...

LE VICOMTE.

Écoutez-moi d'abord. Si l'on savait en France,
Qu'un homme de mon rang et de ma transcendance
Avait porté son nom, dans le commerce, ici,
On pourrait à bon droit se moquer de ceci.
Mais c'est un préjugé, direz-vous. Il existe
Et malgré ce qu'on fait, je crains qu'il ne subsiste.
Je ne voudrais donc point que mon nom figurât
Dans la grande maison, non plus qu'on en parlât.
Sur cela, nous serons en parfaite harmonie :
La maison signera Lambert et compagnie.

LAMBERT.

Mais formulez, Bertin, l'autre condition,
Qui déjà, je le crois, a mon adhésion.

LE VICOMTE.

Je suis peu commerçant. Je voyage en touriste,
Rien que pour mes plaisirs, en véritable artiste,
Et depuis quelques jours, que je suis arrivé,
Dans votre beau pays, beau-père, j'ai trouvé,
Que tout en m'amusant, je pourrais ici faire,
Un sublime travail, travail tout littéraire :
En voyageant beaucoup, je décrirais les mœurs
Des enfants d'Haïti. J'esquisserais les fleurs,
Les plantes que je vois dans ses belles campagnes,
Et la verdure enfin de ses hautes montagnes ;
Je décrirais le cours des fleuves et des eaux ;
Tout prendrait un autre air sous mes brillants pinceaux.
Non, je ne perdrais rien. Grottes et précipices,
Seraient le tendre objet de mes chères délices.
Et quand je livrerais à la publicité
Ce livre recherché pour son utilité,
On bénirait partout l'auteur de cet ouvrage ;
Mon nom à l'avenir passerait d'âge en âge !

LAMBERT.

Oh ! vous êtes vraiment un grand littérateur !
Savant, noble à la fois, quel insigne bonheur !

LE VICOMTE.

Vous concevez qu'il faut plus d'une matinée
Pour faire ce travail.

LAMBERT.

        Au moins toute une année.

LE VICOMTE.

Je ne pourrais donc pas vous donner tout mon temps,
Et je m'enrichirais bien vite à vos dépens.
Vous voyez donc, monsieur, que l'esprit littéraire
Etant on ne peut plus au commerce contraire,
Je ne peux, ni ne dois rentrer dans la maison,
Où je n'apporte rien, pas même mon grand nom.

LAMBERT.

Je destinais toujours au mari de ma fille
Une place chez-moi. Vicomte, quand je grille
Ici de vous donner, un si grand intérêt,
Vous osez refuser, me refuser tout net.
Je n'ai besoin de rien. Venez et prenez place.
Sortez quand vous voulez, laissez-moi la besace.

LE VICOMTE.

J'accepte à ce prix-là.

LAMBERT.

        Merci, mon bon Bertin.
Laissez-moi vous serrer une autre fois la main.
A bientôt, n'est-ce pas ?

LE VICOMTE.

        A bientôt, je l'espère.

SCÈNE CINQUIÈME.

LE VICOMTE, GERMAIN.

—

LE VICOMTE (seul, après avoir décacheté la lettre de Lambert.)
Voyons comment écrit mon prétendu beau-père.
(Après avoir lu.)
Pas mal, en vérité! Mais c'est du bon français!
Qui s'en serait douté? Pour ma part, je croyais
Qu'ils écrivaient ici comme on écrit en Chine!
Occupons-nous un peu de Laurent et d'Hermine.
(Examinant de nouveau la lettre.)
Mais je n'en reviens pas! Belles expressions!
Politesse commune aux grandes nations!
Mais c'est assez parler de la fameuse lettre.
Ecrivons à Laurent. Faisons-le comparaître
Devant notre noblesse, et, le scalpel en main,
Montrons-lui tout son tort, en maudissant Germain.
(Il va près d'une table et écrit.)
Germain!
(Germain rentre. Le Vicomte lui remet une lettre.)
Apporte vite.

GERMAIN.
Et faut-il qu'on réponde?
(Lisant l'adresse.)
C'est à monsieur Laurent. Je crains qu'il ne me gronde.

LE VICOMTE.
Va, cours, remets, reviens. Du reste moque-toi.
(Germain sort.)
Bon! me voilà lancé! Je suis riche, ma foi!
J'épouse en peu de jours une riche héritière!
Une, peut-être deux! A chacun sa manière!
Je suis l'associé d'une grande maison!

Une, peut-être deux ! Je n'ai pas de raison
Pour vouloir m'arrêter au milieu du chemin,
Quand on prend du plaisir à me tendre la main.
Bien ! Le fait est commun dans l'histoire ancienne :
Abraham prit pour femme Agar, l'Egyptienne,
Bien qu'il eût eu déjà pour épouse, Sara
Et bien d'autres encor, d'autres.... et cætera.
On se console quand on voit la bigamie
En honneur dans ces temps de grande bonhomie.
Et d'autant plus que moi, je veux me fiancer,
Non, pour me marier, mais rien que pour nocer.
Vous, noble Bordelais, que je vous remercie
De la lettre à ces gens ! oh ! vraiment, j'apprécie
Les bons renseignements que vous m'avez donnés !
Ami, les Rosemond sont des hommes bien nés !
Voyons, tuons le temps de peur qu'il ne nous tue.
(Il s'approche d'une table et joue avec des dés.)
Avec ces dés pipés, la chance est soutenue.
(Pendant qu'il joue, Jules arrive avec un sac, contenant de l'argent, une boîte de pistolets et deux épées. Il dépose le sac à terre, en retire les épées qu'il met aussi à terre, ainsi que la boîte de pistolets qu'il ouvre.)

SCÈNE SIXIÈME.

LE VICOMTE, JULES.

(Pendant tout le commencement de la scène, le Vicomte porte des yeux effarés tantôt sur les épées, tantôt sur les pistolets.)

JULES (frappant sur l'épaule du Vicomte.)

Vicomte !

LE VICOMTE (sans se retourner.)

Eh bien ! Germain.
(Il se retourne et voit Jules)

ACTE III.

Mon bon monsieur, pardon !

JULES.

Me prendre pour portier ! moi, tireur de cordon !

LE VICOMTE.

Excusez-moi, monsieur, j'avais tourné la face...

JULES.

Dites, voudriez-vous que je la misse en place ?
Je vous dérange un peu. Tout entier à ces dés,
Peut-être cherchiez-vous de nouveaux procédés ?
Auriez-vous donc trouvé votre fameux problème,
Consistant à gagner, toujours par stratagème ?

LE VICOMTE.

Vous m'insultez, je crois ?

JULES.

Mon cher, c'est à présent
Que vous l'apercevez : vous êtes complaisant !

LE VICOMTE.

Mais avouez, monsieur, qu'il n'est pas très honnête
De venir insulter, sans tambour, ni trompette,
Quelqu'un jusque chez lui.

JULES.

Je sais être poli.
Certes, ce n'est pas vous, vous peut-être anobli
Qui viendrez me donner leçons de politesse.
Mais il faut en finir ; car, vraiment, le temps presse !
(Il ôte les pistolets de la boîte et les appporte au Vicomte.)
Que dites-vous, monsieur, de ces beaux pistolets ?

LE VICOMTE (reculant).

Veuillez bien recevoir mes sincères regrets.
Je me connais si peu dans ces sortes de choses,
Que je ne pourrais pas donner de bonnes causes

A mon opinion. Mais je l'aperçois bien :
Ils sont fins et brillants. Ils coûtent.....
JULES.

Presque rien.
Ils ne ratent jamais... Si vous voulez permettre...
(Il met une amorce à l'un des pistolets et la brûle.)
LE VICOMTE (reculant encore, à part.)

Oh ! c'est vexant ? Il faut à tout ça me soumettre !
JULES (présentant les épées au Vicomte.)

Qu'en pensez-vous, monsieur?
LE VICOMTE.

Je vous le dis : vraiment,
Je me conforme en tout à votre jugement.
JULES.

Voyons, que prenez-vous? Voulez-vous l'arme blanche?
Je me battrai, Vicomte, une main sur la hanche.
Ou bien préférez-vous vous battre au pistolet?
Je vous donne le choix. N'est-ce pas ? Ça promet.
LE VICOMTE.
(A part.)

Va, tu t'en repentiras !
(Haut.)

Vous voulez donc vous battre....
JULES.

Pendant un court moment, et voici le théâtre
Où l'on verra bientôt entre nous qui des deux
Sera dans le combat plus brave et plus heureux.
LE VICOMTE.

Quel moyen donc, monsieur, d'arranger cette affaire ?
JULES.

Je vous ai parlé d'un. Mais il ne vous plaît guère.
LE VICOMTE.

Lequel? Dites toujours.

ACTE III.

JULES.

Je vous refais mon bon.
Puis vous mettez au bas : Pour acquit, votre nom,
Après avoir touché ce petit numéraire
Qui se trouve en ce sac que vous voyez à terre.

LE VICOMTE.

Oh! qu'il est dur pour moi de me trouver forcé
D'accepter cet argent que j'ai tant repoussé !
Mais je le vois, monsieur, il faut courber la tête
Si je ne veux passer pour homme malhonnête.
J'ai cependant moyen de concilier tout :
Tenez ; voici des dés... Quitte ou double... debout.

JULES (s'approchant de la table.)

Ah ! voilà bien parlé. Je vous laisse la corne.

LE VICOMTE (prenant la corne et les dés.)

Mais aucune revanche ! A ce coup, je me borne.

JULES.

C'est dit, allez.

LE VICOMTE (jetant les dés.)

Et neuf ! c'est un point malheureux
Jamais il ne viendra.... neuf, neuf donc, je le veux
Dix.

JULES.

Pour un point Martin faillit perdre son âne.

LE VICOMTE.

Mais neuf ne viendra point par esprit de chicane.
Huit.... après huit, c'est neuf.

JULES.

Mais vous baissez d'un point !
Gare à vous : neuf, huit, sept !

LE VICOMTE.

Sept n'arrivera point.
Je suis donc en ce jour dans ma mauvaise chance!

Quatre... six... oh ! tonnerre....
JULES.
Un peu de patience
LE VICOMTE.
Dix... Malheureux dix... neuf... voici ce point maudit !
JULES (furieux,)
Vicomte, un second coup !
LE VICOMTE.
Un seul, je l'ai prescrit.
JULES (vidant l'argent du sac.)
Voici mon premier dû. Je suis à vous sur l'heure
Ou je vous enverrai l'argent de la gageure.

SCÈNE SEPTIÈME.

LE VICOMTE (seul examinant les papiers.)
Des papiers flambants neufs ! couleur de beaux doublons !
Ils pourraient bien servir d'ornements aux salons.
Eh bien ! vous le vouliez, monsieur Jules-Maurice !
Dés pipés, voilà tout ! verrez-vous l'artifice ?
Je vous le défends bien. Partout je vous battrai :
A ces dés, au billard ! oh ! j'en suis assuré !
GERMAIN (entrant.)
Vicomte, quel plaisir ce monsieur fit paraître,
Ce Laurent Rosemond, en ouvrant votre lettre.
« A ton maître Bertin », dit-il en souriant,
« Réponds qu'il me verra chez lui dans un instant. »
Je croyais le trouver ici ; car dans sa joie
Il aura dû voler comme un oiseau de proie.
LE VICOMTE.
Allons, ça marche bien ! Que tiens-tu dans ce sac ?
GERMAIN.
L'argent que vous devait Samuel Isaac

LE VICOMTE. (Il prend le sac, en ôte les papiers et remet quelques pièces d'or à Germain.)
Dis donc si tu portais cet or au capitaine?

SCÈNE HUITIÈME.
LE VICOMTE, LAURENT.

LE VICOMTE.
Mon cher et bon monsieur, qu'il m'a fallu de peine
Pour renvoyer d'ici votre frère Lambert !
Oh ! qu'il m'en a coûté ! vraiment ! j'ai bien souffert
De me trouver forcé de vous fermer ma porte,
De vous faire en un mot un affront de la sorte.
N'en soyez pas surpris. Car vous considérant
Après mon pli d'hier, déjà comme un parent,
J'agissais avec vous, sans aucun scrupule,
Non, ne désirant pas couvrir de ridicule.
— Et cela devant vous — votre frère bien cher,
Qui, pendant un moment, me tenait en enfer.

LAURENT.
Eh quoi ! mon cher Vicomte, oh ! répétez encore
De votre douce voix, de votre voix sonore,
Que c'est à moi, Laurent, que vous avez écrit !

LE VICOMTE.
Eh quoi ! vous en doutiez !

LAURENT.
J'en demeure interdit !

LE VICOMTE.
Votre frère voulait me forcer de lui dire
— Pouvez-vous concevoir, expliquer ce délire ?—
Il voulait me forcer de lui dire tout net
Qu'à lui-même, Lambert, la lettre appartenait.

LAURENT.
L'impertinent Lambert ! oh ! souffrez que j'embrasse,

De mes robustes bras que je serre et j'enlace,
L'amant de mon Hermine, un fils, un fils chéri,
Car, sous peu, de ma fille il sera le mari.
Mais tenez, recevez la réponse à la lettre.
(Il embrasse le Vicomte et lui remet une lettre.)

LE VICOMTE (baisant la lettre à plusieurs reprises.)

Ah! je tiens au plus tôt à faire disparaître
Le chagrin qui minait, qui flétrissait ce cœur,
Car je viens de trouver la joie et le bonheur!

LAURENT.

Mais il faut, cher Bertin, qu'ici je vous apprenne
Ce qui me rend si gai : Pour vous, la bonne aubaine !
Hier, nous avons pris la résolution
De mettre la maison en liquidation.
De mon côté, je fonde une maison nouvelle,
Et je veux que mon fils, Bertin de Vauconcelle,
Soit mon associé, sans apporter un sou,
Sans même qu'il travaille. Oh ! Lambert sera fou !

LE VICOMTE.

Beau-père, sous quel nom....

LAURENT.

Laurent et compagnie.

Aidez-moi des conseils qu'inspire le génie !

LE VICOMTE

Et Constant sera-t-il toujours votre commis ?
Vous savez qu'il ne peut être de mes amis.

LAURENT (riant.)

Amour, tu perdis Troie ! Eh ! de la jalousie !
Vous ferez tout, Bertin, à votre fantaisie.

LE VICOMTE.

Je prendrai Benjamin et renverrai Constant
A Lambert, s'il le veut.

(A part.)

Rien de plus important !

LAURENT.

C'est dit, Vicomte. Adieu.

LE VICOMTE.

Bonjour à mon Hermine.

SCÈNE NEUVIÈME.

LE VICOMTE (seul.)

Il est presque mourant ! c'est en pleine poitrine
Que j'ai porté le coup ! Quel dommage, vraiment
Que ces frères sont deux, rien que deux seulement !
Ah ! je vous en veux bien, monsieur Rosemond père !
Vous devriez songer à laisser sur la terre
Un autre fils encor. Sûrement il aurait
Comme Lambert, Laurent, fille qui m'aimerait !
Puis trois est un beau chiffre, un nombre tout mystique :
Ça doit donc procurer le bonheur domestique.
Mais que vois-je? Grand Dieu ! c'est monsieur Benjamin !

SCÈNE DIXIÈME.

LE VICOMTE, BENJAMIN, puis CHARLES.

LE VICOMTE.

Permettez-moi, monsieur, de vous tendre la main.

BENJAMIN (en colère.)

Oh ! veuillez, s'il vous plaît, cesser votre ironie.

LE VICOMTE.

Je vous parle sans fiel et sans acrimonie.
Et vous, pour riposter, vous élevez le ton
Comme quelqu'un qui veut me frapper du bâton.

BENJAMIN.

Ici, je ne viens pas pour formuler des phrases.
D'une affaire avec vous je viens régler les bases.
On vient de m'annoncer que vous avez osé....

LE VICOMTE.

Si je vous dis que vous en avez imposé?

BENJAMIN.

Monsieur, vous me rendrez raison de cette insulte.

LE VICOMTE.

Doucement, s'il vous plaît, un peu moins de tumulte.

BENJAMIN.

Je vous préviens, monsieur, je ne sors pas d'ici
Avant que vous m'ayez expliqué tout ceci.
Mais comme il se peut bien que vous preniez la fuite
Je vais fermer la porte.
(Il ferme la porte.)
Ah ! c'est votre conduite....

CHARLES (au dehors.)

Eh ! veuillez donc m'ouvrir.

BENJAMIN (à la porte.)
Qui va là ?

CHARLES (au dehors.
C'est Constant.

LE VICOMTE (à part.)

O mon Dieu ! c'est encore un nouveau combattant !

BENJAMIN.

Mais que vient-il chercher dans cette chambre impure?

LE VICOMTE (tirant Benjamin à l'écart.)

Sans craindre à mon serment, monsieur, d'être parjure,
Je viens vous supplier en toute humilité
Ici, de nous laisser un peu de liberté.
Puis quand Charles Constant quittera ma demeure,
Vous pourrez y rentrer assurément sur l'heure ;
Et si vous persistez, après un entretien,
A vous battre toujours, je suis Parisien,
Et je vous prouverai que je sais être brave,
Quand l'exige le cas, quand l'affaire s'aggrave.

ACTE III.

CHARLES (au dehors.)

Ouvrez.
LE VICOMTE.
Décidez-vous.
BENJAMIN (à part.)
Avec Charle un secret !
Constant serait-il traître !
(Haut.)
Ah ! dans ce cabinet !
(Il entre. Le Vicomte va ouvrir à Charles.)
CHARLES (entrant.)
Monsieur, vous connaissez le but de ma visite.
LE VICOMTE.
Monsieur, sans le savoir, je vous en félicite,
Car je voudrais toujours avoir en ce logis,
Des hommes que je peux appeler mes amis.
CHARLES.
Monsieur, est-ce donc vrai ce qu'on dit dans la ville ?
Qu'à plat ventre rampant, tout comme un vil reptile,
Vous avez réussi près de monsieur Laurent...
LE VICOMTE (riant.)
Je le savais déjà : vous êtes concurrent !
(Il prend Charles à l'écart, pour que Benjamin ne les entende pas.)
Venez, écoutez-moi.—C'est une confidence.
Ne parlez pas surtout. En vous j'ai confiance.
En arrivant ici vite mon cœur parla.
Et Dieu seul sait combien j'ai souffert de cela !
Je voyais devant moi, deux personnes charmantes,
Deux filles Rosemond, belles, nobles, galantes,
Pour qui mon cœur brûlait d'un amour chaleureux !
Oui, oui, monsieur Constant, j'adorais toutes deux !..
Un jour, il m'en souvient — huit jours avant la fête —
Je marchais dans la rue et j'avais dans la tête,

Ma double passion, quand je vis arriver
Votre ami Benjamin. Tenant à lui prouver
Que pour lui, je sentais une amitié sincère,
Je lui fis cet aveu, comme à mon propre frère.
Il parut réfléchir pendant un court moment.
Puis me regarde en face, et me dit poliment :
« Oh! tâchez d'oublier la trop charmante Estelle,
J'en mourrais sûrement, monsieur de Vauconcelle.
Aimez si vous voulez, la fille de Laurent ;
Vous la prendrez d'assaut comme un vrai conquérant.

CHARLES.

Oh ! le perfide ami !

LE VICOMTE.

Siècle trop détestable,
Où nul ne peut avoir un ami véritable !
Je fus sourd néanmoins à ce mauvais conseil,
Et dans la nuit, monsieur, je n'eus pas de sommeil !
Ce fut dans cette nuit, il est vrai, nuit terrible,
Que consultant mon cœur, bien loin d'être paisible,
J'osai prendre avec moi la résolution
De porter désormais ma tendre affection
Sur Estelle Lambert. Tenez, lisez la lettre
Qui m'accorde sa main.

(Il lui donne la lettre de Lambert.)

CHARLES, (lisant.)

Benjamin ! oh le traître !

(Il remet la lettre au Vicomte, s'approche de la table et écrit.

Que j'écrive deux mots...

(Il remet la lettre au Vicomte.)

Auriez-vous la bonté...

LE VICOMTE (prenant la lettre.)

Je sais ce que je dois à la civilité.
Et que lui dites-vous ?

ACTE III.

CHARLES.

Qu'il me permette encore
De ne pas avouer à quel point je l'abhorre,
Mais que dorénavant nous ne nous verrons plus.

LE VICOMTE.

(A part.)
C'est important ! tant mieux !
(Haut.)
Vous me rendez confus !

CHARLES.

Vicomte, je vous tiens pour un fort honnête homme,
Le plus charmant Français de votre beau royaume.
Adieu.
(Il lui donne la main.)

LE VICOMTE.

Constant, adieu.
(Charles sort et le Vicomte va ouvrir à Benjamin
à qui il remet la lettre que lui a écrite Laurent.)
(A part.)
Le superbe complot !
(Haut.)
Tenez, lisez, monsieur, mais lisez au plus tôt.

BENJAMIN (lisant la lettre.)

Que vois-je ? C'est Hermine !

LE VICOMTE (riant.)

A cela plus de doute.
Bien ! vous décidez-vous à la terrible joûte,
A me faire avaler le plomb d'un pistolet ?

BENJAMIN.

Non, Vicomte, oubliez cet infâme projet.
Sans rancune, n'est-ce pas ?
(Il lui tend la main.)

LE VICOMTE.

Oh ! sans nulle rancune !
(Benjamin sort.)

Brillante est mon étoile et grande est ma fortune !
(Réfléchissant.)
Cette lettre qui doit les brouiller à jamais,
Je pourrai l'envoyer par Germain, mon laquais.....
Non, sans perdre de temps, par un facteur de poste :
En agissant ainsi, je pare la riposte.
Maintenant, Jeanneton, envoyons-la quérir.
En lui donnant ma bourse, elle peut me servir,
Avec cet argument, avec une promesse,
On séduit la servante et l'on a sa maîtresse.

(Le rideau baisse.)

ACTE QUATRIÈME.

Chez Laurent Rosemond.

SCÈNE PREMIÈRE.

HERMINE, JEANNETON.

HERMINE.

Viendra-t-elle aujourd'hui ?

JEANNETON.

Madame, pour monter
Elle attendra votre ordre.

HERMINE.

Eh bien ! fais apporter
Ici, dans ce salon à cette bonne dame
Ce qu'elle a demandé dans son charmant programme.

JEANNETON.

Le tout est préparé.

(Elle va pour sortir.)

HERMINE (l'arrêtant.)
Reste donc avec moi.
Dis si ton cœur n'est pas rempli d'un grand effroi ?
A la veille de voir toute ma destinée,
Se dérouler ainsi, je suis bien consternée,
Et si ce n'était pas à ce point arrivé,
J'aurais, ma Jeanneton, assurément trouvé
Pour fuir ce rendez-vous quelque moyen honnête.

JEANNETON.
Oh ! gardez-vous en bien !

HERMINE.
Ah ! j'en perdrai la tête !
Mon Dieu ! si l'avenir que je dois bientôt voir,
Me disait, me montrait dans son affreux miroir,
Mon amant, mon Bertin, mon Vicomte infidèle,
Et pétillant d'amour pour la perfide Estelle !...

JEANNETON.
Si regardant aussi, vous voyiez par vos yeux
Votre charmant Bertin, tout entier à ses feux....

HERMINE.
Ah ! le charmant tableau ! Mais sais-tu que je l'aime ?
Sais-tu que c'est un blanc ? sais-tu qu'un diadême
Lui siérait à ravir ? L'as-tu vu quelquefois,
M'embrasser tendrement, toujours en tapinois,
M'appeler de ce nom, garant de sa noblesse
Madame de Bertin ou bien la Vicomtesse !
Jeanneton, quand mon père est venu l'autre jour,
Me dire qu'il était tout à moi sans retour,
Pour le remercier, j'ai manqué la parole,
Et j'ai cru que j'allais devenir vraiment folle.

JEANNETON.
Eh ! que décidez-vous ?

HERMINE.

Fais ce que tu voudras
Du moment que c'est pour me tirer d'embarras.

JEANNETON.

Je la ferai monter. Car, craignant sa colère,
Si la faisant venir exprès pour cette affaire,
Vous alliez la chasser d'ici, de la maison,
Et sans avoir donné nulle bonne raison,
Elle qui tient en mains, mon destin et le vôtre,
Au lieu d'être pour vous un franc et bon apôtre,
Vous maudirait pour sûr, appellerait sur vous
De ses saints irrités le suprême courroux.

HERMINE.

Mais vous croyez vraiment qu'elle a tant de puissance.
Où donc est l'Eternel et son omnipotence ?

JEANNETON.

Ce sont là les grands mots, ce sont les grands discours
Que vous nous opposez, que vous mettez toujours
Devant nos arguments. Certes, il faut le dire,
Je ne raisonne pas, sachant à peine lire,
Mais forcément, je crois, car j'ai vu de mes yeux,
J'ai vu Dame Cadet,—je vous le dis à deux,—
Faire languir, mourir, un sot, un incrédule,
En lui jetant un sort, sans autre préambule.

HERMINE.

Vous me faites trembler.

JEANNETON.

Mais non, n'ayez pas peur.

HERMINE.

Dieu ! qu'elle me prédise et fortune et bonheur !

JEANNETON.

Avez-vous préparé.....

HERMINE.
La bourse est bien garnie.
JEANNETON (à part, en s'en allant.)
Je te prédis alors que tu seras bénie.

SCÈNE DEUXIÈME.

HERMINE (seule)
La bonne Jeanneton ! Type du dévouement !
Jamais son amitié pour moi ne se dément !
Oh ! je lui saurai gré d'avoir consenti vite
A me suivre en ces lieux ! vraiment, elle mérite
Les égards les plus grands ! Qui pourrait l'empêcher
Au risque aventureux, c'est vrai, de me fâcher
De rester chez Estelle ! Ah ! ma reconnaissance
Ne doit pas reculer devant une dépense :
Tu pourras te placer très convenablement
Belle comme tu l'es. Un joli logement,
Un beau lit à bateau, si tu veux, à colonnes,
Des tables comme en ont nos plus grandes personnes,
Un ménage complet pour tout dire en un mot,
Je te donnerai tout, ensemble avec la dot.
Mais pourquoi t'absenter du logis de mon père ?
Trois, quatre fois le jour, tu sors, vas pour affaire.
Où ? le sais-je... mais bah ! si je viens à savoir
Que tu vas chez Estelle ou le jour ou le soir,
Je ne te donne rien, tu tombes en disgrâce.
Ecoute, qui pis est, de chez moi je te chasse.
O la prude cousine ! Elle manque Bertin,
Elle perd Jeanneton ! Eh ! prenez Benjamin !

Il séchera vos pleurs ! D'accord, c'est pas grand chose !
Mais il vaut mieux que rien ! Ainsi je vous l'impose !
Ne connaissez-vous pas ce proverbe usité,
Ces mots haïtiens, remplis de vérité :
« Quand la mort nous ravit le sein de notre mère,
Nous tétons notre *grande* ou même une étrangère. »

SCÈNE TROISIÈME

HERMINE, LAURENT.

LAURENT.

Je te croyais causant avec monsieur Bertin.
J'ai besoin de le voir. Viendra-t-il ce matin ?

HERMINE.

Mais il ne peut tarder : car bientôt voici l'heure
De son petit repas.

LAURENT.

Du chocolat, du beurre,
Du pain ou des biscuits, plus un verre de vin,
Voilà donc l'a-propos du repas du matin,
Aussi cette réforme ou plutôt cette diète
Me maigrit sans façon. Morbleu ! ça m'inquiète.
Ne pourrais-tu donc pas ordonner un beefsteak
De ces beefsteak sanglants que nous mangions avec
Quelques bons cornichons, de la moutarde anglaise?
Toujours ces déjeuners me mettaient à mon aise.

HERMINE.

Vous le savez, papa. Le Vicomte prétend
Que c'est très mauvais genre.

LAURENT.

Ah ! vous m'en direz tant !

ACTE IV.

HERMINE.

Mais il faut convenir que manger de la viande,
Toujours, tous les matins, est chose peu friande.
C'est très peu poétique et le Vicomte dit
Qu'un chocolat complet agace l'appétit,
Que cette nourriture est saine et suffisante,
De principes mauvais est à jamais exempte.

LAURENT.

Hum ! hum ! Puisqu'il le dit, c'est une vérité !
Mais je maigris, ma chère, et j'en suis dégoûté.

HERMINE.

Hé ! voilà le grand mal ! mais, papa, les gros ventres
Ne vont qu'aux gens communs, qu'aux chanoines, qu'aux chantres ;
Et je voudrais vous voir beaucoup plus effilé :
Cela vous irait mieux qu'un ventre potelé.
La maigreur, n'est-ce pas un signe de noblesse ?

LAURENT (d'un ton résolu.)

Il faut se décider à perdre cette graisse !
Quand pour gendre, on possède un beau vicomte, un blanc,
On doit tenir, j'espère, à conserver son rang.
Et dussé-je, en suivant cet écrasant régime,
Dussé-je en le suivant en devenir victime,
Fermement je verrai mon destin s'accomplir,
Et recevrai la mort, s'il le faut, sans pâlir.

HERMINE.

Qu'heureux serait Bertin, qu'heureux serait le gendre,
S'il était présent là, s'il pouvait vous entendre !
Je lui dirai ces mots qui comblent mon désir,
Ces mots qui lui feront, à lui, tant de plaisir.

LAURENT.

Je voudrais bien le voir. Tout en étant à table,
En prenant aujourd'hui ce dîner confortable,

Nous pourrons arrêter, fixer le jour prochain,
Où je dois lui donner et ta dot et ta main.

HERMINE.

Vous devriez presser le jour du mariage :
Chaque fois que j'y songe, il semble qu'un nuage
Vienne obscurcir ma vue et me faire entrevoir
Le malheur, la tristesse, à mon grand désespoir.
Achetez aujourd'hui la corbeille des noces,
Ainsi que les brillants ; préparez les carosses,
Envoyez commander le dîner, le dessert,
La musique du bal et celle du concert,
Conviez votre monde, il le faut, je l'exige.

LAURENT.

(A part.)

Mais, comme à moi, cela lui donne le vertige !
(Haut.)
Puisque nous en parlons, je t'avoûrai vraiment
De quel espoir mon cœur se berce franchement.
Eh ! toi qui lis toujours dans tous ces gros volumes
Que te prête Bertin, connais-tu les coutumes
De la France, pays de ton futur mari ?
Regarde et vois comment ton bon père a maigri,
Penses-tu qu'il se soit soumis à ce régime,
Qu'il ait commis sur lui, je dirai même un crime,
Sans prétendre trouver la compensation
Due, à n'en pas douter, à sa bonne action ?
Quand comme moi, voyons, un père, un tendre père,
Réussit à trouver le bonheur sur la terre,
En unissant sa fille à l'homme de son choix,
Un noble, un blanc richard, tout chamarré de croix,
Que devient, dès ce jour, le père de l'épouse ?
Quel titre dois-je avoir, moi que Lambert jalouse ?

HERMINE.

Aussitôt que Bertin viendra pour déjeûner,
Je pourrai là dessus le bien questionner.

LAURENT.

Écoute. C'est bien clair : si le fils d'un comte
A le droit de porter le titre de vicomte,
Le père d'un vicomte, à plus forte raison,
Étant le principal, le chef de la maison,
Certes, doit posséder la noblesse en partage.
Et moi donc qui dèviens, au jour du mariage,
Le beau-père d'un noble, et moi, que dois-je avoir ?

HERMINE.

Vous aurez tout, mon père. Et richesse et pouvoir !

LAURENT.

Je ne demande pas tout-à-fait un grand titre.
Mais si Bertin pouvait, ayant voix au chapitre,
— J'appelle ainsi, ma fille, un corps de nobles gens
Qui peuvent disposer de titres conséquents, —
S'il pouvait ajuster au nom que je possède
Rien qu'un *de* seulement, volontiers je lui cède
La part qui me revient des profits de tout l'an.
Mais qui vient en ces lieux ? Serait-ce pas Satan ?

SCÈNE QUATRIÈME.

HERMINE, LAURENT, JEANNETON (costume très drôle.)

JEANNETON (feignant de parler à quelqu'un du dehors.)

Restez, ne rentrez pas, surveillez bien la porte.
Beaucoup de vigilance. Assez. Faites en sorte,

Que personne, après moi, ne rentre en ce logis :
Personne, entendez-vous, monsieur Laurent hormis.
(Se retournant.)
Mais le voici, je crois. Monsieur, que je salue
Le père fortuné d'Hermine, l'ingénue.

LAURENT (à Hermine.)

Mais m'expliqueras-tu ?....

HERMINE.

     Trop tourmentée, hélas!
Madame que voici me tire d'embarras.
Je l'appelle en ces lieux pour ma bonne aventure
Qu'elle dira, papa, sans aucune imposture.

LAURENT.

Oh! la crédule Hermine! Et tu croiras vraiment
Ce qu'on t'aura prédit pour rire assurément,
Tu croiras à la farce, à ce mensonger conte,
Toi, la femme à venir d'un élégant vicomte!
Si Bertin le savait, il rirait comme un fou.
Va, fais sortir d'ici ce mauvais loup-garou.

JEANNETON.

Que dites-vous, monsieur? Ah! Laurent, prenez garde!
Vite je fermerai votre bouche poissarde,
En attirant sur vous, en les faisant pleuvoir,
Ces foudres qu'à plaisir, je puis faire mouvoir.
   (à Hermine.)
Vous osez m'appeler, moi, dans votre bicoque
Pour me dire à la face : « Oh! de vous je me moque; »
Et vous ne craignez pas, dans mon juste courroux,
Que je ne réunisse et votre père et vous,
Que vous touchant enfin, avec cette baguette,
Je ne vous couvre ici d'une laideur complète,

ACTE IV.

Que votre adorateur, effrayé de vous voir,
Ne vous dise, madame : « Ah ! n'ayez plus d'espoir,
Je vais chercher une autre, une amante plus belle ;
Désormais j'aimerai votre cousine Estelle. »

HERMINE.

Grand Dieu !

LAURENT (à part.)
    Je suis saisi d'un effroi tout nouveau !

JEANNETON.

(à Hermine.)
Sur vous, j'attirerai le malheur, — un fléau, —
Pour vous faire comprendre, ainsi qu'à votre père,
Et quel est mon pouvoir, et quelle est ma colère !

HERMINE.

Dame Cadet, pardon.
    (à Laurent.)
    Mon père, quel malheur !
Vous avez tout gâté par votre esprit railleur !
Consentez, s'il vous plaît, à faire vos excuses.....

LAURENT.

(A part.)
Comme elle, j'ai bien peur !
    (Haut.)
    Ma fille tu t'abuses.
(à Jeanneton.)
Eh ! puisque vous pouvez prédire l'avenir,
Vous savez le présent ! Comblez donc mon désir,
En me faisant savoir ce que j'ai dans la tête.

JEANNETON.

(Fausse sortie.)
Adieu. Mais à plus tard, monsieur le malhonnête.

LAURENT.

Elle est prise !

HERMINE.

Ah ! de grâce, écoutez un instant :
Confondez-le, restez, rendez-le repentant !

LAURENT (d'un ton résolu.)

Vous êtes en défaut ! La colère calmée,
S'en ira par degrés, comme de la fumée !

JEANNETON (parlant à elle-même, fait quelques signes mystérieux et touche Laurent de sa baguette.)

Commandez donc, monsieur, le petit déjeûner :
Puisque vous avez faim, pourquoi tant l'ajourner ?
C'est l'heure de saisir, vous n'êtes pas malade,
Votre beefsteak sanglant, avec votre salade.

LAURENT.

Les aurai-je aujourd'hui ?

JEANNETON (mêmes gestes.)

Non, car le chocolat
Règne dans la maison comme un grand potentat.

LAURENT.

Ah ! diable !

HERMINE.

C'est parlé !

JEANNETON.

Mais sonnez la servante.
Par ma volonté seule,—oui, monsieur, je m'en vante,—
Je m'en vais donner l'ordre à cette Jeanneton
De ne pas arriver malgré votre haut ton.

(Après quelques signes mystérieux.)

Sonnez.

(Laurent sonne plusieurs fois doucement, puis fortement. Son
impatience n'a plus de bornes : il sonne à briser la clochette.)

Sonnez toujours.

LAURENT (sonnant, appelant à gorge déployée).

Jeanneton, scélérate !
Jeanneton, répondez ou ma colère éclate !
Jeanneton ! oh, la gueuse ! Enfant de vingt papas,
Je vous chasse aujourd'hui, je n'en démordrai pas.

(Il dépose la clochette et s'assied.)

HERMINE (s'approchant de lui)

Calmez-vous, mon bon père. Elle est tout innocente.
Puisqu'elle entend toujours votre voix dominante,
Vous devez vous convaincre et vous persuader
Qu'elle est bien obligée à présent d'accéder
A la force suprême, inconnue et terrible,
Qui pour Hermine et vous, est tout-à-fait visible.

LAURENT (se levant).

Non, je ne me rends pas à l'évidence encor !

JEANNETON (touchant Laurent de sa baguette.)

Vous doutez de ces faits, monsieur le matador !
Eh bien ! je vais porter un coup de ma massue
A l'incrédulité trop longtemps combattue !
Que dites-vous d'un *de* placé devant le nom,
Trop court que vous portez ! Quelle démangeaison !
C'est là ce ver rongeur, qui, jour et nuit ne cesse
De vous manger le crâne ainsi que votre graisse !

LAURENT (allant à Jeanneton.)

Ah ! de grâce arrêtez ! Je suis rendu, pardon !
Oui, je suis imbécile, un sot, un grand dindon !
Et je m'en veux beaucoup d'avoir douté, madame,

De vous avoir lancé ma méchante épigramme.
Appelez donc sur moi, je le mérite bien,
Tout ce dont peut user un grand magicien,
Mais de grâce, épargnez mon Hermine, ma fille,
L'espoir de mes vieux jours, l'espoir de la famille !

HERMINE.

Comme j'aime à vous voir, papa, si repentant !

LAURENT.

Les péchés sont remis à tout bon pénitent !

JEANNETON (après quelques signes mystérieux.)

Que le bonheur, la paix, la joie et l'espérance
Habitent la maison.

(S'adressant à Hermine.)

Qu'une noble alliance,
Vienne ceindre ton front d'une pure auréole.
De ton futur mari sois à jamais l'idole,
Donne-lui des enfants qui lui ressembleront
Qui, par leur beau caquet, toujours consoleront
Les vieux jours de ton père ! O toi qui me protéges,
Toi, protecteur caché de tous mes sortiléges,
Donne, je t'en conjure, à ce sacré vieillard,
La noblesse, et de plus tout l'argent d'un richard !

LAURENT (lui donnant une bourse.)

O déesse du ciel ! si la reconnaissance
Est rare sur ce sol, lieu de notre existence,
Il est un homme encor qui se fait une loi
De l'avoir dans le cœur. Et cet homme, c'est moi !

JEANNETON (prenant la bourse.)

C'est bien. N'oublions pas la chose principale.
Tenez, voici la table, allons, que je m'installe.

(Elle porte une petite table ronde au milieu du théâtre, sur laquelle table, elle dépose des cartes, sa
baguette et plusieurs autres choses. Elle prend les
cartes et s'adresse à Hermine.)

C'est à vous de couper.

(Hermine coupe. Jeanneton retourne une carte.)

Ah! c'est le roi de cœur,
Il vous promet beaucoup: mariage et bonheur.

(Elle retourne d'autres cartes au fur et à mesure.)

Encore un cœur, un as! Un homme de peau blanche....

LAURENT.

Mais c'est la vérité !

HERMINE.

Grand Dieu! comme elle est franche!

JEANNETON (retournant plusieurs cartes.)

Demande votre main.

LAURENT.

C'est vrai, je le reçois.

JEANNETON (retournant une carte.)

Le beau roi de carreau! Ils vous suivent, les rois!
Votre futur est noble, un marquis, un vicomte!
Il réussit partout et sans aucun mécompte!

(Retournant une carte.)

Le fâcheux dix de pique! Ah! l'insolent, pourquoi
Viens-tu dans la maison y jeter de l'effroi?

(Retournant plusieurs autres cartes.)

Une parente à vous, votre sœur ou cousine
Qui se met de travers, vous allonge la mine.

(Retournant d'autres cartes.)

Elle aime le marquis et veut vous supplanter!
Une femme qu'il faut bien vite débouter!

Mais voyez, regardez ! Elle hoche la tête,
Croit de votre futur avoir fait la conquête,
Dans sa glace se mire, arrange ses cheveux,
Se promène en dansant d'un air majestueux,
Et pensant ce bonheur de très longue durée,
Se dit : « Grand Dieu, merci, je suis la préférée. »

HERMINE (désolée.)

Oh ! madame, parlez. Sortirai-je vainqueur,
Et prendrai-je d'assaut sa main avec son cœur ?

JEANNETON (retournant d'autres cartes.)

Pour cette fois, c'est dit ! Aux abois la rivale !
Elle aura beau crier, jurer, faire scandale,
La pauvre est destinée à rester ce qu'elle est,
A n'épouser jamais, pas même un freluquet.

HERMINE (souriant.)

Que c'est heureux pour moi ! Que je vous remercie
Pour l'amabilité de cette prophétie !

(Lui donnant une bourse.)

Je vous promets le double ou le triple, encor plus,
Quand tout sera fini.

LAURENT.

    Le bon père, au surplus,
Vous invite souvent à venir à sa caisse
Toute pleine d'argent. Vous en prendrez sans cesse.
Eh ! mais je ne vois pas ce qui peut m'empêcher
De faire dire là, mais sans rien me cacher
Ce qui doit m'arriver, ici bas, dans ce monde,
Ou de bien ou de mal.

(On entend sonner la demie après huit. Jeanneton fait quelques gestes mystérieux, retourne des cartes.)

L'Eternel vous confonde

Pendule ! voici l'heure où je cesse de voir,
Où rien ne réfléchit dans mon brillant miroir,
Où la pesante nuit, de ses mains trop funèbres
Enveloppe mes yeux d'un voile de ténèbres;
Je l'avais vu d'ailleurs, avant ce son fatal :
Voici venir quelqu'un de sang pur et royal,
Et devant trois témoins, ma science s'envole
Un autre jour, adieu.
(Elle sort en courant.

SCÈNE CINQUIÈME.

LAURENT, HERMINE, puis le VICOMTE,
et ensuite JEANNETON.

LAURENT.

Charmante, quoique folle.

HERMINE.

Oh ! j'en demeure encor saisie et consternée !
Et comment après tout, ne pas être étonnée,
Quand vous voyez quelqu'un pénétrer vos secrets,
Et deviner ainsi presque tous vos projets !
Mais peut-on expliquer cet art impénétrable,
Cet art divin, magique......

LAURENT.

Oui, c'est incontestable.
Cependant il paraît qu'elle est prise en défaut,
Car je n'aperçois pas...
(En ce moment Bertin paraît au seuil de la porte.)

HERMINE.

Vous restez tout penaud.
Voici venir à vous la noblesse en personne.

LAURENT.

Elle avait bien prédit, la petite friponne.
Mais entrez donc, mon gendre.

LE VICOMTE.

Ah ! m'expliquerez-vous,
Ce qui met la maison tout sens dessus dessous ?
En montant l'escalier, je rencontre une femme,
Qui m'aborde en riant, sorcière sur mon âme,
Me touche de sa main et me dit poliment :
« Hermine est là, monsieur, vous êtes son amant. »
Je restai confondu. Mais encore elle ajoute
Pour me troubler tout net ; « Faites donc votre route
Le chocolat est prêt, il se refroidirait. »
Après m'avoir parlé — vraiment, on le dirait —
Je crus sentir mes yeux se fermer par magie
Et pendant un instant, je fus en léthargie :
Quand je rouvris les yeux, elle avait disparu.
Ça vous paraît trop fort. Non, je ne suis pas cru.

LAURENT.

Rien n'est plus vrai, Bertin. On vous croit sur parole.
Car elle vient de faire ici le même rôle :
A ma fille elle a pu débiter, sans mentir,
Son passé, son présent, voire son avenir.

LE VICOMTE.

Elle a déterminé le jour du mariage ?

HERMINE.

A nous à le fixer.

ACTE IV.

LAURENT.

C'est d'un heureux présage,
Quand c'est l'époux futur qui désire avancer
Ce jour, cet heureux jour, où je pourrai danser.
(Il fait une pirouette.)

LE VICOMTE.

Nous sommes au premier. Que dites-vous du treize?

HERMINE.

Y pensez-vous Bertin. Oh! je suis mal à l'aise,
Rien qu'en vous entendant dire ce mot fatal.
Treize! Point de Judas!

LAURENT (après avoir compté sur ses doigts.)

Encor le plus grand mal
Est qu'il doit arriver un vendredi, mon gendre!
Le treize! un vendredi! c'est à se faire pendre!
Vous n'êtes pas heureux, monsieur, dans votre choix,
Car sur vous tomberaient deux malheurs à la fois.

LE VICOMTE.

Mais le quatorze alors.

HERMINE.

Et pourquoi pas le douze?

LAURENT.

Acceptons le jour décidé par l'épouse.

JEANNETON (entrant avec le chocolat, le dépose sur une table et commence à l'arranger.)

Pardonnez-moi, messieurs, mais le petit repas
De vous attendre encor, se voyant vraiment las,
Arrive brusquement et, par mon faible organe,
Vous dit: «A me manger, messieurs, je vous condamne.»

LAURENT (joyeux.)

Délicatement dit! mais sais-tu, Jeanneton,
Que tu t'exprimes bien?

JEANNETON (continuant son travail.)

Servir les gens de ton,
Servir monsieur Laurent, avoir une maîtresse
Qu'on nommera bientôt la belle Vicomtesse,
Voir toujours sous ses yeux le Vicomte Bertin,
Votre gendre futur, un si grand muscadin,
Tout ça donne des airs, me rend forte, hardie,
Et s'infiltre vraiment comme une maladie.
Mais vous voilà servi.

LAURENT (à Jeanneton.)

Va, cours chez Isaac
— Il verra, j'en suis sûr dans le fond de mon sac —
Dis-lui de m'apporter ce matin, au plus vite,
Des bagues, des colliers, de ses bijoux l'élite,
Qui devront embellir le panier que je dois
Donner à mon enfant le douze de ce mois,
Car tu sais, Jeanneton, qu'Hermine se marie.
Enfoncé le Lambert, malgré sa coterie !

JEANNETON (s'en allant.)

Que de joie, ô mon Dieu! qui nous attend bientôt !

LAURENT.

A table, mes enfants, tandis que c'est tout chaud!
(Ils se mettent à table et se servent mutuellement.)

LE VICOMTE.

Repas délicieux ! Pain blanc comme la neige !

LAURENT.

Moi seul, je puis jouir de ce grand privilége !
Je donne tout exprès, rien qu'à mon boulanger
Cette farine-ci que je dois ménager.

HERMINE (à Bertin.)

N'est-ce pas que ce beurre au goût est agréable ?

LAURENT.

Aussi, c'est du français. Rien n'est plus détestable

Que ce beurre apporté de New-York, de Boston.
Coquins d'Américains! Ils portent bien leur nom!
Parlez-moi de la France! Ah! quel pays, mon gendre,
Pour le doux, pour le fin, le délicat, le tendre!
Bientôt j'irai connaître avec vous, mes enfants,
Ce pays, ces Français, en tout temps triomphants,
Dont le brillant drapeau, toujours à la victoire,
Conduit de vrais soldats, avides de la gloire.
(A part.)
Cela, c'est pour venir au titre que je veux.
(Haut.)
Mon fils, mon bien aimé, je crois, entre nous deux,
Que je puis avouer la dot que je destine,
A la future épouse, à la charmante Hermine.
Un homme comme vous tient fort peu, je le sai,
A ce que doit porter sa femme. C'est bien vrai.
Mais mon devoir, à moi, bon père de famille,
Est de donner le plus que possible à ma fille.
Aussi je verserai, dès le jour du contrat
Aussi vrai que je bois ce peu de chocolat,
(Il avale sa tasse.)
Cinquante mille francs comptant à mon notaire;
Et lui, sur votre acquit, en bon dépositaire,
Voudra bien les compter, à vous, chef principal
De la communauté.

LE VICOMTE.
Cela m'est bien égal!
Posséder votre fille est le but où j'aspire!
Y penser seulement me donne le délire!

HERMINE.
Que vous êtes charmant! cette abnégation
Me fait plus désirer le jour de l'union.

LAURENT.
On sait bien, mon ami, qu'en fait votre richesse

Surpasse, égale au moins votre grande noblesse.
Mais laissez-moi donner pour ses menus plaisirs
Cet argent à ma fille. Et comblez mes désirs
En acceptant la dot, il est vrai, trop minime
Pour celui que je tiens dans ma plus grande estime.

LE VICOMTE.

C'est comme vous voudrez !

LAURENT.

      Je suis content ! morbleu !
Mais il se trouve un point qui me fatigue un peu.
Quand je viendrai chez vous, dans un bal, je suppose,
Il me faudrait un air, une certaine pose,
Pour rentrer dans la salle, où l'on verra, je crois,
Des nobles décorés avec de grandes croix.
Quand on m'annoncera d'un nom simple et sans faste,
Ça jurera, mon cher, cela fera contraste,
Car le père d'un noble, à moins d'être sans cœur,
A posséder un nom doit mettre son bonheur.
Si l'on pouvait avoir dans la superbe France,
Moyennant de l'argent, de l'or en abondance,
Un titre tout petit, ma bourse s'ouvrirait
Pour me donner à moi, celui que l'on voudrait.

LE VICOMTE.

Que j'éprouve de joie, estimable beau-père,
De vous voir faire un vœu que je puis satisfaire !
J'écrirai simplement par le packet prochain
A l'un de mes amis. Pour lors, je suis certain,
Que dans deux ou trois mois, je pourrai vous remettre
Le plus beau parchemin de la France peut-être.
On ne vend pas le titre et, sans aucun argent
J'aurai ce que je veux, sans paraître exigeant.
Voyons, que voulez-vous ? Marquis, Vicomte ou Comte ?

ACTE IV.

LAURENT.

A ce dernier, Bertin, je puis trouver mon compte.

LE VICOMTE.

C'est dit.

HERMINE.

Mais, mon papa, vous êtes l'obligé.
Et dût-on avancer que c'est un préjugé,
Je crois que mon Bertin, tenant à vous complaire,
Doit aussi demander à son futur beau-père.

LE VICOMTE.

Cela tombe à merveille !

LAURENT.

Ah ! mon ami, merci.
Je pourrrai donc, mon cher, vous accorder aussi
Ce que vous désirez.

(Riant.)

Quand ce serait la Lune
Pour vous la faire avoir, je donne ma fortune.

LE VICOMTE.

C'est pas si difficile. Il s'agit simplement
De servir un ami dans un grand dénûment,
Un Français comme moi, charmant compatriote
Dans une passe impure ! Il faut que je l'en ôte,
Voyant son embarras, car il est commerçant :
Au sort de mes amis toujours compatissant,
Je lui fis la promesse et promesse sacrée
De sauver son honneur. Une traite assurée
Sur mon banquier de Londre, et, d'un grand déshonneur
Je sauve cet ami que j'aime au fond du cœur.
Je signe ce billet que je devais remettre
A ce cher camarade, ensemble avec la lettre ;
Mais j'avais oublié l'engagement verbal
Pris avec mon banquier — il faut être loyal.—

C'est de ne pas tirer sur sa maison de France
Sans l'avoir prévenu quatre mois par avance.
Mais le cas est urgent. Une minute encor,
L'on va déshonorer pour quelques pièces d'or
Un homme infortuné qui donnerait sa vie
Pour me défendre un jour contre la basse envie.

LAURENT (secouant la tête.)

Ceux qui tendent la main, mendiants insensés,
Je voudrais de chez moi les voir tous expulsés.

LE VICOMTE (d'un ton élevé.)

C'est mon ami, monsieur. Respectez pour moi-même
Cet homme malheureux que j'estime et que j'aime.

HERMINE.

Mais pas si haut, Bertin.
(Bas à Laurent.)
Vous voulez tout gâter.

LAURENT (riant.)

Mais je plaisante, assez. Je voulais affecter
Avec vous, mon ami, de me mettre en colère,
Pour ne pas me tromper sur votre caractère.

LE VICOMTE.

Et puis, vous comprenez, c'est pour si peu d'argent.

LAURENT.

Honneur, cent fois honneur, honneur à l'indigent!

HERMINE (bas à son père.)

Mais signez donc la traite.

LAURENT.

Acceptez-vous, mon gendre?
Je signe le billet.

LE VICOMTE.

On ne peut se méprendre
A ce noble parti. Loyal, ainsi que grand

Vous montrez comme il faut vider un différend.
(Tirant un papier de sa poche et le déchirant.)
Mon billet, déchiré,
(Présentant un papier à Laurent.)
Que votre signature
Sur ce bon au porteur, s'adapte sans murmure,
Ce sera, mon beau-père, agir en gentilhomme.

LAURENT (recevant le billet.)

Bon Dieu! Vingt-mille francs! Une si forte somme!

HERMINE (bas à Laurent.)

Songez au mariage!

LAURENT (signant la traite et la remettant au Vicomte.)

Ouf! voici le billet!

LE VICOMTE (prenant la traite.)

Tout vous sera remis. Ce n'est qu'un simple prêt.
(Benjamin paraît au seuil de la porte.)

HERMINE.

Voici votre commis: on va parler d'affaire.
Je vais me retirer si vous voulez, mon père.

LAURENT.

A ta guise, ma fille.

HERMINE (au Vicomte.)

Au revoir.

LE VICOMTE.

A bientôt.

SCÈNE SIXIÈME.

LAURENT, LE VICOMTE, BENJAMIN.

—

BENJAMIN.

Votre frère Lambert...

LAURENT (contrarié.)
　　　C'est un sot, un grand sot.
　　　　　　　BENJAMIN.
Vous porte son excuse et vous demande ensuite,
Bien qu'il ait avancé l'heure de la visite.
Si vous voulez régler l'affaire d'intérêt
Qui le fait se montrer un peu trop indiscret.

LE VICOMTE (se tenant le ventre fortement, comme s'il souffrait beaucoup.)

Vous dites..., monsieur Lambert !
　　　　　　LAURENT.
　　　　　Qu'avez-vous donc, mon gendre ?
　　　　　LE VICOMTE (mêmes grimaces.)
Ah! peste, ma colique ! Elle vient de me prendre !
Elle me fait souffrir beaucoup, atrocement,
Et comme un vrai damné ! J'en mourrai sûrement !
　　　　　　LAURENT.
L'avez-vous quelquefois ?
　　　　　　LE VICOMTE.
　　　　　　　　Oh! c'est ma maladie !
Deux fois, cette semaine ! ah ! je perdrai la vie !
　　　　　　LAURENT.
Bertin, que prenez-vous pour apaiser ce mal,
Quelque calmant sans doute ?
　　　　　　LE VICOMTE (mêmes grimaces.)
　　　　　　　　Oh! non! .... c'est infernal !
　　　　　　LAURENT.
Je m'en vais envoyer chez mon apothicaire
Demander le remède à ce mal ordinaire.
　　　　　　LE VICOMTE.
Attendez... du repos... chut ! ordinairement
C'est le seul remède à ce cas alarmant.

ACTE IV. 169

Que j'ôte mon habit.... Passez-moi cette chaise.
(Il s'assied.)
Il convient avant tout que je sois à mon aise.
Maintenant, descendez, allez trouver Lambert,
Et sur vos intérêts, ayez l'œil bien ouvert.
Laissez-moi, je vous dis. Silence! ah! dans mon ventre
C'est un éternel feu, mon cher, qui se concentre.
Le repos... Allez donc! Mais dans votre entretien
Avec monsieur Lambert, soignez votre maintien.
Je dois vous dire aussi que quand j'ai la colique,
Chaque fois qu'on me nomme, un courant magnétique
Vient réveiller en moi l'intensité du mal
Et me faire pousser de vrais cris de cheval.
Vous voyez donc, beau-père, à quel point, il importe
Que le nom de Bertin de vos bouches ne sorte.
Ah! maudite colique!

LAURENT.
Adieu, mon cher Bertin.
Soyez tranquille en tout. Vous, monsieur Benjamin,
Restez. Et si le mal revient et continue
Que par tous les moyens, elle soit combattue.

SCÈNE SEPTIÈME.

LE VICOMTE, BENJAMIN.

(Après quelques moments de silence, le Vicomte
se lève de sa chaise.)

BENJAMIN.

Comment vous trouvez-vous?

LE VICOMTE.
Oh! je suis beaucoup mieux.

BENJAMIN.

Vicomte, en ce moment, je me sens bienheureux
Puisque je puis enfin vous donner l'assurance
De ma grande amitié, de ma reconnaissance.
Sans cet emploi, qu'ici vous m'avez fait avoir,
Contraint de végéter du matin jusqu'au soir,
Chassé de chez Lambert, méconnu par Estelle,
Dans un pays lointain, j'allais mourir loin d'elle.

LE VICOMTE.

Cœur tendre, cœur aimant, sincère et généreux,
Je vous promets encor que vous serez heureux.
Le désespoir va mal aux hommes de votre âge.
Un peu de patience. Après mon mariage,
Monsieur Lambert aura des sentiments plus doux.
Comptez sur votre ami pour calmer son courroux.

BENJAMIN.

Merci, monsieur Bertin. Il faut que je vous dise
Jusqu'à quel point ce Charle a poussé sa sottise.
Peut-être croyez-vous que nous sommes amis?
Oh! non, car un billet en termes fort précis
Que j'ai reçu de lui m'intime la défense,
Oui, de ne plus le voir. C'est une grande offense,
D'autant qu'il ne dit pas le plausible motif
Qui le porte à parler d'un ton impératif.

LE VICOMTE.

Il a pris le devant, s'est servi d'une ruse
Pour vous donner le change! Ah! vraiment, il s'abuse.
Vous l'avez vu chez moi. Fort bien, il y venait
Pour me faire commettre un terrible forfait!
Dans ce dessein unique! Ah! c'est abominable!
Charle a pu me donner le conseil exécrable
D'écrire quelques mots pour obtenir la main
De celle qu'adorait son ami Benjamin.

ACTE IV.

BENJAMIN.

Charles! oh! le perfide!

LE VICOMTE.

Il mérite sa peine!
Furieux, hors de moi, j'ai plongé dans ma haine
Cet homme, sans pitié, qui, dans sa passion,
M'aurait fait regretter toujours cette action!
Je l'ai chassé d'ici sans écouter ses plaintes.
Jules, l'avez-vous vous vu!
(A part.)
Ça me donne des craintes.

BENJAMIN.

Personne ne le voit. Il est sans doute allé
Voyager quelque part. C'est un cerveau brûlé,
Un fou, mais bon enfant, quelque peu romantique...
Mais sentez-vous toujours cette affreuse colique?

LE VICOMTE.

Presque pas.

BENJAMIN.

Je vous quitte et vais à mon bureau.

SCÈNE HUITIÈME.

LE VICOMTE (seul.)

(Riant.)
La colique! Ah! charmant! Un moyen tout nouveau
Que j'ai vite employé pour empêcher le frère
De monter au salon.
(Examinant la traite.)
La traite du beau-père
Vaut de l'argent comptant! Rien que vingt mille francs
Tirés à trente jours! « Vivent messieurs les blancs!»

Disent chaque matin ces pères de familles,
Qui tiennent au plus tôt à marier leurs filles.
Et moi blanc je dirai : « Vive l'Haïtien,
Qui donne de l'argent sans contrat, sans lien...
Mais où trouver Maurice ? Ah ! Jules, votre absence
Me fatigue beaucoup, beaucoup plus qu'on ne pense !
C'est vous seul que je crains, bien que déjà, mon cher,
Je vous aie empêché par vos yeux de voir clair.
Depuis ce dernier jour où dans notre entrevue,
Ma chance contre lui s'est toujours soutenue
Et qu'il m'a fait toucher ce qu'il avait perdu
— Car, il sait bien payer — je n'ai plus entendu
Parler de cet ami.....

SCÈNE NEUVIÈME.

LE VICOMTE, JEANNETON.

JEANNETON.
        Monsieur de Vauconcelle.
Le Lambert est en bas..... mais sans sa fille Estelle,
Et s'il montait ici !

LE VICOMTE.
        Je me suis arrangé
Pour que je ne sois pas moindrement dérangé.
Et comment ont-ils pris cette bonne aventure ?

JEANNETON.
On ne peut mieux, ma foi ! Pas le moindre murmure.
Jeanneton transformée en madame Cadet
Leur a fait voir du bleu par son fameux caquet.

LE VICOMTE.
La bourse est donc bien grasse ?

ACTE IV.

JEANNETON.

    Oui, mais votre promesse?

   LE VICOMTE.

Comptez dessus toujours. Car jamais, la noblesse
Ne donne que du bon. Dumelle maintenant.....

   JEANNETON.

Aura son tour, Vicomte, et sera surprenant.

SCÈNE DIXIÈME.

LE VICOMTE, JEANNETON, LAURENT, SAMUEL-ISAAC

UN GARÇON portant un panier de bijoux.

LAURENT (au seuil de la porte, Samuel-Isaac et le garçon au dehors.)

Mais entrez donc, monsieur.

   LE VICOMTE (se tenant le ventre.)

    Ventrebleu! ma colique!

   LAURENT (allant près du Vicomte.)

Ça revient-il, Bertin?

   LE VICOMTE (mêmes gestes.)

    C'est à l'état chronique.....

Qui vous attend dehors?

   LAURENT.

    Le maître du bazar.

Mais je le renverrai.

   LE VICOMTE.

Pourquoi?

   LAURENT.

    C'est un bavard

S'il entrait en ces lieux, ça pourrait vous reprendre.

LE VICOMTE.

Non, faites-le venir.

LAURENT.

Vous le voulez, mon gendre,

LE VICOMTE.

La colique se calme.

(Pendant que Laurent va à la porte pour faire entrer Samuel-Isaac :)

Ah ! pendant un instant,
Je pensais à ce frère et le cœur palpitant,
Je me croyais perdu.

ISAAC (entrant, à Laurent.)

Souffrez que je salue
Ce monsieur qui veut bien se montrer à ma vue.
Bonjour, mon cher Vicomte. Eh ! vous m'abandonnez!
J'en suis malade encore! Ah ! vous me chagrinez !
Si vous n'habitez plus ma petite demeure,
Venez donc, cher monsieur, la revoir à toute heure.
Vous me ferez plaisir.

LE VICOMTE.

Votre amabilité
M'engage à profiter de cette honnêteté.

LAURENT.

Passez, si vous voulez, passez dans cette salle.
Moi, j'appelle ma fille et dans cet intervalle,
Installez vos rubis, tous vos plus beaux bijoux,
Pour qu'elle fasse un choix digne de son époux.

(Il sort par une porte, et les autres par une porte opposée.)

(Le rideau baisse.)

ACTE CINQUIÈME.

Chez Lambert Rosemond.

SCÈNE PREMIÈRE.

JEANNETON, JULES.

JULES.
Ainsi, c'est entendu, je puis compter sur toi?
JEANNETON.
Vous demandez si peu, monsieur Jules? Pourquoi
Vous refuser la clef? Si votre farce est bonne,
J'en rirai volontiers vraiment plus que personne.
D'ailleurs, en la faisant, vous servez mes projets.
JULES.
Moi, je donne toujours plus que je ne promets.
JEANNETON.
Tandis que lui, vilain des pieds jusqu'à la tête
Toujours il sait trouver à point une défaite
Pour garder son argent. Je vous ai dit déjà
Comment ces derniers jours, il me découragea
Quand j'allai réclamer un tout petit salaire
Qu'il me devait pour prix de la première affaire.
Le ladre! il répondit qu'il pairait seulement,
Quand j'aurais terminé le tout entièrement.
JULES.
Enfin, vous avez fait la deuxième séance.
Il s'exécutera maintenant, je le pense.
JEANNETON.
Je n'en crois rien encor. J'ai cependant voulu

Terminer jusqu'au bout mon rôle superflu,
Afin de lui prouver comment il est avare
Et le grand cas qu'il fait de l'or qu'il accapare.
JULES.
Tu le maltraites trop.
JEANNETON.
C'est encor bon pour lui.
JULES.
A quelle heure crois-tu qu'il arrive aujourd'hui?
JEANNETON.
Mais dans un court moment.
JULES.
Il faut que je m'en aille :
Voici bientôt sonner l'instant de la bataille.
Je pourrai donc venir en toute sûreté
Par le même escalier secret que j'ai monté
Pour pénétrer ici?
JEANNETON.
Monsieur Jules-Maurice,
Personne, autre que moi, non jamais ne s'y glisse.
JULES.
Rappelez-vous aussi qu'il faut que cette salle
Soit tout-à-fait déserte à l'heure triomphale.
JEANNETON (se frappant la tête.)
Reposez-vous sur moi. J'ai là dans mon esprit,
Tout le plan projeté.
JULES (riant.)
Que vous avez écrit?
(Fausse sortie.)
Adieu.
JEANNETON (le retenant.)
L'écervelé! voici la bonne voie.
C'est de ce côté-ci.

ACTE V.

JULES.
Voyez-vous, c'est la joie.....
JEANNETON.
Une autre fois encor, n'allez pas vous tromper.

SCÈNE DEUXIÈME

JEANNETON (seule.)

Voilà comme j'agis quand on veut me duper.
Ah!..... monsieur le Vicomte!

SCÈNE TROISIÈME.

JEANNETON, LE VICOMTE.

LE VICOMTE.
Eh bien! quelle nouvelle?
A-t-on apprécié ce bon papa Dumelle
JEANNETON.
Ainsi que chez Laurent, même réception;
Fut faite chez le frère à sa prédiction
On est content de vous, on vous aime, on vous prône
Et si Lambert pouvait avoir une couronne
Il aurait abdiqué, rien que pour l'admirer
Sur la tête du gendre.
LE VICOMTE.
Je dois donc espérer
Qu'il fera mes désirs. Mais vraiment, je regrette
De ne t'avoir pas vue en si belle toilette

Ah ! comme j'aurais ri, si Jeanneton voulait
De ce magicien me faire le portrait.

JEANNETON.

Vous connaissez déjà ma large redingote,
Mon grand bonnet conique, ainsi que ma culotte.
Je m'affublai de tout, et, devant un miroir
Je jugeai de l'effet : j'étais horrible à voir !
Mais un malin pouvait par ma belle figure
Découvrir Jeanneton sous la caricature.
Mais vous riez, monsieur. Je ne vous parais pas
Si belle que je dis.

LE VICOMTE.

     Tes séduisants appas
Se font voir. Envers toi, Dieu ne fut pas très chiche.

JEANNETON.

Je me couvris le col d'une barbe postiche
D'une couleur jaunâtre, et si longue, ma foi,
Que, pendant un moment, j'eus de l'horreur pour moi.
Je devais ressembler à l'affreuse peinture
Qu'on nous fait d'Halaou. J'imitai sa voix dure,
Cette terrible voix qui criait aux soldats :
Mes enfants, vous serez vainqueurs dans ces combats.
Je m'étais fait orner de rides le visage
Pour imiter bien plus ce grand homme sauvage,
Et portant avec moi, mon magique attirail,
Je courus en ces lieux jeter l'épouvantail.

LE VICOMTE (riant.)

Tu pourrais mieux encor singer la ressemblance
— C'est un fait du passé qui mérite croyance —
En portant sous le bras ce coq blanc, éternel,
Qui chanta quatre fois, avant le coup mortel
Que reçut Halaou.

JEANNETON.
Mais j'ai fini mon rôle.
Avouez, cher monsieur, qu'il fut plaisant et drôle.
Il a bien réussi. Donc je mérite bien
Avec tous les honneurs dûs au magicien,
Une bourse solide.
LE VICOMTE.
Oui, oui, c'est de justice.
(Il met la main dans sa poche.)
JEANNETON (à part.)
Ai-je mal fait d'avoir servi Jules-Maurice !
LE VICOMTE (cherchant toujours sa bourse.)
Mais où diable a passé cet argent que j'avais ?
Trois ou quatre cents francs, le tout en or français.
JEANNETON (à part.)
Qui perd toujours sa bourse et qui parfois l'oublie
Sont pour moi deux coquins — y croire, c'est folie.
LE VICOMTE.
Bon, je les ai perdus. Que je suis malheureux
De ne pouvoir sur l'heure accéder à tes vœux !
J'avais mis, ce matin, sur moi ta récompense :
Quinze napoléons, vois-tu, de l'or de France.
Je fouille dans ma poche et qu'y vois-je, grand Dieu !
Rien. Les napoléons m'ont fait un bel adieu.
Un trou fatal : voilà la cause de la perte.
JEANNETON (à part et en colère.)
On ne peut me tromper. Poche trouée !
LE VICOMTE.
Ah ! certe,
Dès demain aussitôt que luira le soleil
Tu verras arriver, même avant ton réveil
Trente napoléons pour toi, pauvre Jeannette.

JEANNETON (s'en allant.)
Gardez votre or, monsieur; je ne suis point si bête.
LE VICOMTE (seul.)
Colère de servante ! à cela, je suis fait !
Et pour les apaiser, sandis ! on s'y connaît !

SCÈNE QUATRIÈME.

LE VICOMTE, ESTELLE, LAMBERT.

LAMBERT.
Si vous étiez venu plus tôt, de Vauconcelle,
Vous auriez vu, mon cher, — chose surnaturelle —
Un homme comme nous, un savant, un devin,
Qui vous aurait surpris, vous qui passez pour fin.
En avez-vous en France ?
LE VICOMTE.
　　　　　Oui, par le magnétisme
Art charmant que l'on veut nommer charlatanisme,
On devine aisément les secrets à venir.
LAMBERT.
Non, non, ce n'est pas ça. Je ne fais pas dormir;
Avec moi, je n'ai pas un farceur, un compère ;
Mais j'arrive et je prends dans la maison un verre
Que j'emplis d'eau bénite, et je dis à chacun,
A ma fille : «madame, oui, vous aimez quelqu'un
Qui vous adore aussi. Mais veillez une cousine :
Elle aime bien l'amant que le sort vous destine. »
Puis à monsieur Lambert, je dis fort poliment :

«Votre gendre est Vicomte, un jeune homme charmant»
Mais vous comprenez bien, je ne fais que redire
Ce qu'a dit le papa.

ESTELLE.

Cet homme m'a fait rire,
Quand il nous a dépeint notre Hermine Laurent
Dans son grand désespoir, mourante, dévorant
Ses cheveux arrachés de rage et de colère
Du moment qu'elle sût et par monsieur son père
Ce jour, cet heureux jour, entre nous arrêté
Que je verrai venir avec félicité.

LE VICOMTE (riant.)

C'est risible en effet.

LAMBERT.

Bertin, puisque nous sommes
Sur ce chapitre là, faisons la chose en hommes.
Fixons cet heureux jour : le dix-sept, un mardi,
Au coucher du soleil, par une après-midi,
Je conduis mon Estelle et vous à notre église,
Et là, sans plus tarder, elle vous est remise.
Puis, à notre retour, nous fêtons, nous dansons,
Et quelque temps après, de charmants nourrissons
Que vous avez donnés à votre bonne femme
Sautant sur mes genoux, viennent m'égayer l'âme.
Topons-là, mon ami.

(Il lui allonge la main.)

LE VICOMTE.

C'est dit, c'est convenu.

(A part.)

Pas un mot de la dot : ça semble biscornu.

(Haut.)
Mais il faut avant tout, cher et tendre beau-père,
Qu'on passe le contrat par devant un notaire.
    LAMBERT.
Je l'avais oublié dans mes joyeux élans !
Oui, Bertin, nous ferons publier tous les bancs,
Et le jour du contrat rédigé sans lacune,
Je dépose à vos pieds le quart de ma fortune.
    LE VICOMTE.
C'est parler en marquis.
    LAMBERT (avec joie)
    Que dites-vous, Bertin?
    LE VICOMTE.
Je dis que vous verrez un beau jour, un matin
Arriver un paquet de France, à votre adresse,
Qui vous donnera rang dans la grande noblesse.
    LAMBERT.
Oh ! merci, mon ami. Venez donc dans mes bras
O gendre, qui m'est cher !
    (Ils s'embrassent.)
    ESTELLE.
    Vous oubliez, hélas !
Le bon oncle Laurent qui, s'il sait la nouvelle,
Crèvera de dépit, mon cher de Vauconcelle.
    LE VICOMTE.
Nous pourrons le placer comme valet chez nous.
Hermine ! Elle prendra grand soin de vos bijoux ;
Elle pourra monter derrière nos carosses
Quand nous irons au bal ou bien dans quelques noces.
    LAMBERT (riant très-fort)
C'est à n'y pas tenir.
    ESTELLE (à part)
    Plein d'éducation !

LAMBERT.

Je descends m'occuper de l'expédition
De ce trois-mâts français, du Jeune Théodore
Qui doit partir ce soir. J'en suis fou, je l'adore !
Il nous a procuré, Bertin, tant de bonheur,
Qu'il me prend le désir d'en être un armateur.
Descendez pour m'aider.

ESTELLE.
 Et votre commis Charle ?

LAMBERT (riant).

Bertin va revenir.

LE VICOMTE.
 Il faut que je vous parle.
En partant de Bordeaux, j'avais juré, promis,
A certain commerçant, un de mes bons amis,
D'embarquer pour son compte, à bord du Théodore,
Cinq cents sacs de café, que je n'ai pas encore.
Tout plein de mon amour, et sans nul souci,
J'oubliai ma promesse en arrivant ici.
Mais ces sacs de café, cette maudite fève,
Empêche mon ami de tomber, le relève ;
Et jugez à quel point il serait abattu
S'il manquait cette affaire ! Ah ! sa noble vertu
Echoûrait j'en suis sûr, et j'aurais par ma faute,
A déplorer la mort d'un bon compatriote.
Ce n'est pas une avance, encor moins un cadeau,
Que j'ai promis de faire à l'ami de Bordeau.
Lui fesant cet envoi, j'empêche sa faillite.
Car dès qu'on apprendra — cela s'apprend très vite —
Qu'il reçoit d'Haïti des consignations
Il aura du crédit, pourra sans cautions,
Faire de grands achats, reprendre les affaires,
Et même surpasser tous nos consignataires.

LAMBERT.

J'ai justement à bord cinq cents sacs de café
Dont je puis disposer.

LE VICOMTE.

Je suis donc né coiffé.
Mon bonheur serait grand, si vous vouliez, beau-père,
Les passer en mon nom.

LAMBERT.

Mais cela peut se faire.
On ne doit jamais voir nulle difficulté
Pour sauver un ami qu'abat l'adversité.
Venez et descendez.

LE VICOMTE.

Moi, je vous rendrai compte.....

LAMBERT.

Pas d'explications. Venez, mon cher Vicomte.

LE VICOMTE.

Mon Estelle, au revoir.

ESTELLE.

Ne tardez pas.

LE VICOMTE.

Oh ! non.

SCÈNE CINQUIÈME.

ESTELLE (seule.)

Enfin, dans peu de jours, je possède maison !
Je pourrai commander à mes gens en maîtresse.
A ma vue, ils diront : « Voici la Vicomtesse. »
Epouse d'un Vicomte et qui plus est, d'un blanc !
Y penser, y songer fait glacer tout mon sang !.....

Qui moi, j'épouserais un homme de ma race,
De ces Haïtiens, d'une extraction basse,
Qui vous parlent toujours un bâton à la main,
Ainsi que le fera ce monsieur Benjamin.
Pour plaire à mon mari, j'irais à la cuisine
Moi qui, dans un salon, par ma beauté domine.
Moi, j'irais me charger de saupoudrer de sel
Ou de poivre, un beefsteak, ce manger éternel
De nos Haïtiens. Pour eux, c'est délectable !
C'est toujours un houra quand on l'apporte à table !..
Le linge de monsieur, moi, je le blanchirais,
Et le cas échéant, je le repasserais !
Me courber sur un fer et toute la journée !
Travailler, travailler, comme une âme damnée !
Et Monsieur se promène, habillé, gras et gros !
Tandis qu'à la maison, sans prendre aucun repos,
Madame est au repas, Monsieur, chez des fillettes,
La badine à la main, va leur conter fleurettes.
Puis le soir, quand il vient, s'il rentre en son logis,
Après avoir mangé votre repas exquis.
Il va bourrer sa pipe ou bien prend un cigare,
Qu'il allume à la lampe et, tout net, vous déclare
Qu'une affaire d'honneur exige absolument
Qu'il sorte sans tarder. Est-ce vivre, vraiment !
Et cependant voilà le triste sort des dames
Qui veulent devenir de ces messieurs les femmes.
Mais la femme d'un blanc ! Cuisiniers, bons laquais,
Des châles, de l'argent, un somptueux palais,
Repas avec desserts et liqueurs superfines,
Et des chevaux fringants, des cochers, des berlines,
Tout ce qui donne enfin le plaisir, le bonheur,
Voilà ce qu'un blanc donne ensemble avec son cœur.

SCÈNE SIXIÈME.

ESTELLE JEANNETON.

JEANNETON (entrant vivement.)

Mademoiselle !

ESTELLE.

Eh quoi !

JEANNETON.

Rentrez, mais rentrez vite.

ESTELLE.

Mais m'expliqueras-tu ?

JEANNETON.

Rentrez... une visite.....

ESTELLE.

Mais encore pourquoi ?

JEANNETON.

Votre sort en dépend
On vient, c'est le démon ! Hélas ! s'il vous surprend !

(Elle prend la main d'Estelle qui toute tremblante se laisse conduire. Elle fait entrer Estelle dans son appartement, pousse la porte derrière elle. En ce moment paraissent Jules, Laurent et Hermine.)

SCÈNE SEPTIÈME.

JEANNETON, JULES, LAURENT, HERMINE.

LAURENT.

Jeanneton chez Lambert !

JEANNETON.

Pensez-vous que j'ignore

Pourquoi votre visage à l'instant se colore
De ce vif incarnat et pourquoi vous venez
Ainsi que votre enfant chez ces fous détrônés?
Je suis au fait de tout et je suis décidée
A vous fournir aussi mon contingent d'idée.
Demandez à monsieur ! Mais je cours prévenir
Votre frère Lambert.
(Elle sort.)
LAURENT (avec joie.)
Je me sens rajeunir !
Oui, mon ami Maurice, oui, de cœur, je pardonne
A mon frère Lambert. La main que je lui donne
Est une main loyale ! Et puisqu'il reconnaît
Son tort à mon égard, j'en suis bien satisfait !
JULES.
« Il faut qu'avec Laurent, je me réconcilie
Maurice, » m'a-t-il dit. « N'était-ce pas folie
A moi qui suis son frère — il est vrai, son aîné, —
De lui vouloir souffler un gendre si bien né?
Et d'ailleurs ce monsieur se marie à ma nièce.
Cours vite chez Laurent, dis-lui que je confesse
Tous mes torts envers lui, que le but où je tends
Est de nous voir bientôt unis en bons parents.
Dis-lui que ce matin, je veux qu'il nous arrive
Avec sa fille Hermine, et qu'en définitive,
S'il consent à cela, sous l'ancienne raison,
Nous monterons encor la nouvelle maison. »
LAURENT.
Je veux ce qu'il voudra ! L'excellent caractère !
HERMINE.
Ah ! papa, si Bertin avait un jeune frère,
Il le ferait venir et je l'aurais porté
A demander la main d'Estelle.

JULES.
En vérité,
Cousine, votre idée à nulle n'est pareille !
LAURENT.
Mon cher neveu, Bertin épouse une merveille !
(En ce moment le Vicomte paraît au seuil
de la porte et reste interdit).

SCÈNE HUITIÈME.

LAURENT, HERMINE, JULES, LE VICOMTE.

LAURENT.
Mais ici tout le monde est d'accord, il paraît.
Rentrez donc, cher Bertin, mettez-vous, s'il vous plaît.
(Bertin rentre et s'assied, mais pendant tout ce dialogue, il roule des yeux effarés autour de lui).
Etiez-vous de concert avec Jules Maurice?
Dans ce charmant complot, êtes-vous son complice ?
Non. Vous venez plutôt de chez moi, n'est-ce pas ?
Vous avez tout de suite ici porté vos pas,
Prévoyant un danger pour l'épouse future ?
Ne pouvant concevoir rien à cette aventure,
Vous nous avez suivis ? Ne craignez rien, Bertin,
Lambert est bon enfant, moi, je suis un malin.
On n'enlèvera point Hermine la promise :
Quoi, vous restez muet? Pourquoi cette surprise?
Eh ! parlez, répondez.

JULES.
Il est à présumer
Qu'ici le cher Vicomte est venu s'informer
Du jour que doit partir le Jeune Théodore.
Ou bien, c'est un instinct — c'est très possible encore —

ACTE V.

Qui l'a conduit ici. Chez le noble à brevet
Il existe un penchant qui le pousse en secret
Vers ceux qu'il aime bien.

LAURENT.

Jules sait tout comprendre.
Expliquez-vous, Bertin, faites-vous donc entendre.

HERMINE (riant.)

Bertin tremble, messieurs : vous parlez d'un complot.
Je vais vous expliquer l'affaire en un seul mot :
Mon bon oncle Lambert ou par bizarrerie,
Ou mieux sachant fort bien que moi, je me marie
A dit à mon papa : « Mon frère, désormais
Que l'union habite entre nous à jamais ! »
Riez donc, mon ami, célébrons la victoire !

JULES.

Riez donc avec nous. A vous toute la gloire!

LAURENT.

Vraiment, j'en suis surpris! Pourquoi donc s'obstiner
A garder le silence! Et pourquoi s'étonner
Du bonheur qui nous comble! Oh! c'est problématique.
Veuillez-vous expliquer.....

LE VICOMTE (se tenant le ventre.)

C'est que j'ai la colique !
Je souffre, chers amis, je souffre horriblement !

LAURENT.

Que ne le disiez-vous ?

LE VICOMTE (voulant se retirer.)

Pardon ! pour le moment
Je vais me retirer.

JULES (le retenant.)

Je connais un remède,
Et je vais vous guérir. Souffrez que je procède

Je vais frapper trois coups rien qu'avec un soulier
Sur l'endroit attaqué.
LE VICOMTE (mêmes grimaces.)
Non, c'est m'humilier,
Ah! mon Dieu! c'est un mal, il paraît incurable!
Quelles souffrances! Oh! mais c'est abominable!
LAURENT.
C'est mal choisir son temps pour être indisposé.
HERMINE (à Jules.)
Agissez donc, cousin.
JULES.
Je n'ai pas refusé!
Quand monsieur le voudra! Voyez vous, c'est un homme
Qui jadis appliquait à des bêtes de somme
Ce remède vanté. Ça guérit les chevaux,
Ça peut guérir aussi les autres animaux.
LE VICOMTE.
Monsieur, respectez-moi. Quoique je sois malade,
Vous m'en rendrez raison.
JULES.
Une vaine bravade!
LAURENT.
C'est la seconde fois que vous avez osé
Insulter le Vicomte!
JULES.
Oh! je suis disposé
A tenir contre lui, même la carabine.
Mais je vous déplairai, n'est-ce pas, ma cousine?
LE VICOMTE (se tenant le ventre.)
Je souffre encor beaucoup. Mais voyons, monsieur, quand
Désirez-vous régler ce petit différend?

HERMINE.

Bertin, si vous m'aimez d'un amour véritable
N'allez pas, mon ami, contre ce mauvais diable,
Vous battre.

JULES.

Oh! grand merci! L'épithète, je croi
Convient plus à monsieur le Vicomte qu'à moi.

LAURENT (d'un ton haut.)

Respectez-moi, Maurice, et respectez ma fille!
Du respect à mon gendre, à toute ma famille!
Quoique je sois conduit dans la maison par vous,
Craignez, monsieur, craignez, qu'exaltant mon courroux
Vous ne fassiez pleuvoir sur vous une tempête
Encor... respectez-moi! Jules, je le repète.

(En ce moment Lambert et Estelle entrent par des portes opposées.)

SCÈNE NEUVIÈME.

LAURENT, HERMINE, JULES, LE VICOMTE, LAMBERT, ESTELLE.

LAMBERT (étonné.)

Pourquoi ce bruit chez moi?

LAURENT (s'avançant au devant de Lambert.)

Lambert, je suis heureux
Qu'oubliant tout-à-fait nos jours trop douloureux,
Vous ayez envoyé me faire la prière
De me rendre chez vous. C'est louable, mon frère.

LAMBERT (étonné.)

Moi!

LAURENT.
Pourquoi rappeler à votre souvenir
Cet incident : j'ai tort. Pour moi, c'est un plaisir
De vous tendre la main, mais une main loyale.
Parfois, dans le bonheur, le malheur s'intercale !
Que je serais joyeux, si monsieur que voilà
(Montrant Bertin.)
N'avait fait à mon gendre une scène.....

LAMBERT (de plus en plus étonné.)
Holà !
Votre gendre !..... il est fou !

HERMINE (à Estelle.)
Concevez-vous, Estelle,
Le sang froid de Bertin ? Mon amant, Vauconcelle...

ESTELLE.
Votre amant !..... elle est folle !

LAURENT (à Lambert.)
Ignorez-vous vraiment
Que Bertin, celui-là, de ma fille est l'amant ?

LAMBERT.
De plus drôle en plus drôle ! Eh ! pouvez-vous prétendre
Ne pas savoir qu'il est et qu'il est bien mon gendre ?

HERMINE (à Estelle.)
Et vous, n'imitez pas votre père insensé.
Vous savez que Bertin est bien mon fiancé ?

ESTELLE.
Avez-vous à l'instant la raison en partage ?
Sachez que le dix-sept se fait mon mariage.

HERMINE.
Moi, le mien, c'est le douze et cinq jours en avant.....

ESTELLE.
La communiste, va ! sortez auparavant

ACTE V.   195

De chez moi. Vous venez me voler chez moi-même,
Sur ma propriété, prendre celui que j'aime.

LAURENT.

Maurice, parlez donc. N'est-ce pas vous tantôt...

JULES.

Mon oncle, là dessus, je ne puis dire un mot.

LAMBERT.

Bertin, faites cesser, mon cher, la comédie.

LE VICOMTE (se tenant le ventre.)

Ah! monsieur, la colique! affreuse maladie!

HERMINE (au Vicomte.)

Dites donc à madame à quel point vous m'aimez!

LE VICOMTE (mêmes gestes.)

Ah! colique! colique! Ah! vous me consumez.

ESTELLE (au Vicomte.)

Dites donc pour finir que je suis votre amante!

LE VICOMTE (mêmes gestes.)

De plus fort en plus fort! Dieu! qu'elle me tourmente!

LAURENT (au Vicomte.)

Avouez à ces fous que sous peu vous devez...

LE VICOMTE (mêmes gestes.)

Oh! silence!...en parlant!...mon mal, vous l'aggravez

(En ce moment, paraît Samuel-Isaac. Le Vicomte se jette sur un divan, placé près de la porte, feignant toujours des douleurs atroces.)

JULES.

Samuel-Isaac éclaircira l'affaire.

LAURENT (à Jules.)

Et vous de tout cela, vous êtes solidaire,

SCÈNE DIXIÈME.

LAURENT, HERMINE, JULES, LAMBERT, ESTELLE,
SAMUEL-ISAAC, LE VICOMTE.

(Samuel-Isaac est placé devant le divan, de sorte qu'il masque le Vicomte tant aux acteurs qu'aux spectateurs.)

ISAAC.

Messieurs, je viens ici pour vous faire acheter
Deux superbes brillants. J'en avais fait monter
Deux semblables pour vous. J'ai donc eu l'espérance
Que vous voudrez encor pousser la complaisance
A m'acheter ces bijoux, d'autant plus que j'ai su.....
(Ici, le Vicomte sort adroitement sans être remarqué.)

LAMBERT.

Oh! votre espoir, monsieur, pourrait être déçu!
Nous vidons à l'instant une affaire fort grave.

ISAAC.

J'aurais été fâché d'apporter une entrave
A la réunion. Mais, monsieur, cependant
Vous pouvez regarder.

LAMBERT.

    Ce serait imprudent,
Car vous savez trop bien priser la marchandise.

ISAAC.

Oh! monsieur, regardez votre fille. Elle vise
Au suprême bonheur de voir mes diamants
Madame, ils sont si beaux! Quels jolis ornements!

JULES.

Eh! mon cher Isaac, montrez-nous, faites vite.

ACTE V.

ISAAC (passant les bijoux à Lambert.)
De la permission, oui, monsieur; je profite.
LAMBERT (examinant les bijoux.)
J'en demeure surpris ! J'en suis tout étonné
(à Estelle.)
Montrez-nous le brillant que je vous ai donné.
ESTELLE.
J'en avais fait cadeau le jour de cette fête
A mon futur époux.
JULES (à part.)
Bon ! voici la tempête !
LAMBERT.
Non, ce n'est pas possible ! En croirai-je mes yeux ?
(Présentant une bague à Estelle.)
Ma fille, regardez ce brillant curieux ?
(Présentant l'autre bague à Laurent.)
Et vous, monsieur, prenez, montrez à votre fille.
LAURENT (examinant la bague.)
Oui, c'est bien là, je crois, sa bague si gentille !
(à Hermine.)
Et vous, ma tendre Hermine, avez-vous disposé
De votre diamant ?
HERMINE.
Oui, je l'ai déposé
Dans les doigts de Bertin qu'encor l'on me dispute.
Mais le fait est certain : je vaincrai dans la lutte.
LAURENT.
Ils se ressemblent tant !
(Portant la bague à Hermine.)
Regardez ce bijou.
JULES (à part.)
Nous allons découvrir à l'instant le filou.

ESTELLE.

C'est ma bague, papa.

HERMINE.

Papa, je vous assure
Que c'est la mienne aussi.

LAURENT (d'une voix forte à Isaac.)

Comptez-nous l'aventure,
Vous, monsieur le vendeur. Vous nous direz comment
Vous avez ces bijoux, à nous assurément.

LAMBERT (d'une voix forte à Isaac.)

Je prendrai ces brillants, j'emploîrai la justice
Pour découvrir surtout cet infâme artifice.

ISAAC.

Je vais donc avouer, puisque vous m'y forcez
A qui ces diamants ont été financés.
Le Vicomte Bertin, Bertin de Vauconcelle
A moi, les a vendus. Eh! tenez, j'en appelle
Au Vicomte lui-même. Il est sur ce divan.
Vicomte,
(Se retournant avec étonnement.)
Se peut-il...

JULES.

Qu'il ait rompu son ban ?

TOUS LES SPECTATEURS (étonnés.)

Oh !

LAURENT.

Ce n'est qu'un moyen inventé par l'adresse
Pour sortir d'un faux pas. C'est une petitesse,
Peut-être aurez-vous vu le Vicomte sortir,
— Vous devriez plutôt à son sort compatir,
Vous le voyez malade — et vous avez l'audace
De l'accuser d'un vol !

ACTE V.

JULES.
D'un tour de passe-passe !

LAMBERT.
Nous direz-vous enfin le secret de ceci ?
Qui donc vous a vendu les bagues que voici ?

ISAAC (portant un papier à Lambert.)
Connaissez-vous, monsieur, cette fine écriture ?
De grâce, regardez un peu la signature.

LAMBERT (examinant le papier.)
Ciel !

LAURENT.
Quoi !

LAMBERT (passant le papier à Laurent.)
Regardez.

LAURENT.
Dieu ! Le fait est avéré.
(Il passe le papier à Hermine.)

HERMINE.
Vendus le lendemain du bal ! oh ! j'en mourrai.
(Elle passe le papier à Estelle.)

ESTELLE.
Se peut-il qu'il ait fait si peu cas de mon gage !
(Elle passe le papier à Jules.)

JULES.
Oublions le Vicomte, amis, je vous l'engage.
Il vous a tous trompés, excepté le neveu,
Qui, dès le premier jour, a reconnu son jeu.
A la charmante Hermine, à la sensible Estelle,
Bertin avait promis une ardeur éternelle !
C'était pour arriver à duper les papas,
Qu'il paraissait séduit de vos brillants appas.
Il avait réussi, dès sa première lettre,
A vous brouiller ensemble. Examinez le traître :

Le voilà fiancé, chez vous deux, tout de bon.
Il sort de chez Lambert, il court à la maison
De mon oncle Laurent. Mais qui pourra lui dire :
« Vous êtes un vaurien, Vicomte à faux sourire. »
Deux frères ennemis... Constant est chez Lambert,
Il voit tout, il est vrai, mais son cœur est ouvert
A la fille Laurent qui le repousse encore.
Benjamin chez Laurent assurément adore
La fille de Lambert. Et je ne sais pourquoi
Ces messieurs ont voulu se tuer, je le croi.
Voyez la perfidie.

LAMBERT.

Assez !... ma perte est grande :
Cinq cents sacs de café passés à sa demande
Sur son nom.

LAURENT.

Et moi donc ! Rien que vingt mille francs
Payables au porteur ! Messieurs les petits blancs !

ESTELLE.

L'infâme !
(à part.)
Oh ! Benjamin !

HERMINE.

Le perfide !
(à part.)
Oh ! Constant !

JULES (à part.)

Repousser son neveu ! voilà, je suis content !

SCÈNE ONZIÈME.

LES PRÉCÉDENTS, JEANNETON, puis BENJAMIN ET
CHARLES.

(Tous deux ensemble, à Jeanneton.)

LAMBERT.   LAURENT.

Avez vous vu le traître ? Avez vous vu le traître ?

JEANNETON.

Mais de qui parlez-vous ? Je voudrais le connaître.

LAMBERT.

Eh ! parbleu, de Bertin, de ce gueux travesti
Qui nous a trompés tous ! Et puis il est parti !

JEANNETON.

Vous m'effrayez monsieur ! c'est pure moquerie,
Ce que vous dites là. Vous voulez que je rie ?
Il n'était pas vicomte ! Il n'avait pas d'argent !
C'était un roturier, c'était un indigent !
Ciel ! à qui désormais se fier en ce monde ?

LAURENT.

A soi. Mais pour Bertin, que le ciel le confonde !

LAMBERT.

Nous vous le demandons : l'avez vous vu sortir ?

JEANNETON.

Non, messieurs. J'ai monté, c'est pour vous avertir
Qu'un grand événement en ce moment rassemble
Quelques gens désœuvrés sur le quai, ce me semble.
Étant sur le perron, j'ai distingué des cris,
Mais des cris effrayants qui m'ont beaucoup surpris.
On disait : « Il est mort ! Bravo ! » C'est pitoyable !
Etre heureux en voyant mourir votre semblable !

JULES.

Allons voir ce que c'est.

(Les hommes vont pour sortir, mais en ce moment
arrivent Benjamin et Charles.

CHARLES.

Mais c'est une infamie :

Vouloir porter chez nous l'affreuse bigamie !
Oh ! de vos cœurs, messieurs, chassez la bonne foi,
Otez ce sentiment qui meurt déjà chez moi.
Oui, nous avons été trompés par ce Bertin !
C'est un grand imposteur, un traître, un cabotin !

JULES.

Nous avons tout appris avant votre arrivée :
La honte par Bertin nous était réservée.
Mais dites-nous, mon cher : par quel heureux moyen
Avez-vous su le coup de ce petit vaurien ?

CHARLES.

J'avais été porter à notre capitaine
Des papiers importants dont il était en peine,
Et causant sur le quai, j'attendais un canot
Quand je vis arriver mon Bertin tout penaud.
Bertin, si pétulant, si fier de sa personne
Ressemblait à quelqu'un qui demandait l'aumône.
« Vicomte, qu'avez-vous » lui dis-je en plaisantant,
« Je viens de vous laisser tout joyeux dans l'instant,
« Pourquoi donc avez-vous cette mine piteuse ?
« Auriez-vous donc reçu la nouvelle fâcheuse
« De la baisse des fonds ? » «Oh ! monsieur, » me dit-il,
D'un air qu'il s'efforçait de rendre peu civil,
« Je suis pressé, veuillez me donner un passage
« Car rien ne me plaît moins qu'un plaisant bavardage.»
A ces mots la rougeur me monta sur le front.
Pouvais-je supporter un si terrible affront ?
Je lançai quelques mots avec tant de colère
Que l'ami que j'avais repoussé pour lui plaire,
Benjamin, accourut et se fit expliquer
Ce qui pouvait surtout à ce point m'offusquer.
Lui Bertin s'obstinait à poursuivre sa route,
Sans me faire une excuse. «Attends,» lui dis-je «Ecoute.
Mais il s'était déjà jeté dans un canot.

« Je vous donne cinq francs » dit-il au matelot
Qui gardait la chaloupe, « et vite au Théodore. »
Il se sauve, pensai-je ; il tremble, il tremble encore !
Mais le patron déjà, par un coup d'aviron
Faisait porter sa barque à trois pieds environ.
Aussitôt bravement d'un seul bond, je m'élance.
Et bientôt entre nous, il n'est plus de distance.
« Où vas-tu, malheureux, pourquoi tant te presser ? »
M'écriai-je en colère. — « On peut bien se lasser,
Quand on est poursuivi, sans raison et sans cause, »
Dit-il, en se levant, « Monsieur je vous propose... »
Mais le traître ! il s'avance et me pousse soudain,
Et sans le canotier qui me tint de sa main,
Je tombais à la mer. Entre nous une lutte
S'engage corps à corps. En moins d'une minute,
Il buvait à loisir dans cette grande tasse
Où nul à mon avis, ne voudrait prendre place.

JULES.

Le Vicomte n'est plus !

CHARLES.

Mais avant de mourir,
Croyant que de ce pas, il peut encor sortir,
Il veut alors sauver les fruits de son adresse.
Il tire son carnet, un instant le caresse,
Puis, lui disant enfin un éternel adieu,
Le lance dans la barque. En l'ouvrant, ô mon Dieu,
J'y vois toute sa trame !

(à Laurent en lui remettant un papier.)

Ah ! voici votre traite
De vingt mille francs.

LAURENT (prenant la traite.)

Oh ! que vous êtes honnête !
Venez donc sur mon cœur, c'est là que désormais,
Vous aurez votre place.

(Ils s'embrassent.)

BENJAMIN (remettant un papier à Lambert.) (à Charles.)
Et toi, tu me permets
De remettre en ce jour à l'homme que j'estime
Ce qu'on lui supprimait de son bien légitime.
LAMBERT (prenant le papier.)
Un semblable service, oh! peut-il se payer.
JULES.
Oh! non certainement. Mais on peut employer
Des moyens délicats pour une récompense
Qu'on désire donner.
(à Laurent.) Par pure déférence,
Accordez donc Hermine à ce Charles Constant,
Le héros de ce jour! Voyez, ils s'aiment tant!
(à Lambert.)
Vous, mon oncle Lambert, donnez ce qu'il désire,
A monsieur Benjamin. Il aime avec délire
Estelle, ma cousine.
LAURENT.
Oh! pour moi, je veux bien!
Ma fille, approuvez-vous votre cousin?
HERMINE.
Combien
Je me trouve en ce jour heureuse et satisfaite
D'obéir à mon père!
JULES.
Et pour quel jour la fête?
LAMBERT.
Attendez, mon neveu' Ma fille, il faut parler
ESTELLE.
A moi vient le bonheur! O dois-je reculer?
LAURENT.
Mais le consentement de Benjamin, de Charle.
CHARLES.
Pour Benjamin, messieurs, pour moi-même, je parle.
Oui, oui, nous acceptons ces mains qui nous sont chères.

Cependant nous voulons que Rosemond, les frères,
S'unissent de nouveau, sous l'ancienne raison
Et reprennent ensemble une seule maison.
LAMBERT.
Noble cœur!
LAURENT (donnant la main à Lambert.)
Oh! j'accepte! Acceptez-vous, Lambert?
LAMBERT.
Mon frère, mon ami, n'ai-je pas trop souffert
En voulant vivre à part? Regardez mon visage:
Vous y verrez combien le bonheur me soulage.
BENJAMIN.
Du carnet du Vicomte, il reste un passe-port :
Qu'en ferez-vous, Constant ?
ISAAC.
Ah! s'il n'était pas mort
On le lui remettrait.
JEANNETON.
Mais, monsieur, c'est dommage!
Il est mort pour toujours!
JULES.
Pour lui, quel avantage,
S'il l'avait dans la poche! Au bonhomme Caron
Il pourrait le montrer pour prouver au patron,
Qu'il est bien envoyé près de lui par la Parque.
LAURENT (riant.)
Puis il aurait gratis passage dans la barque.
(En ce moment paraît le Vicomte.)

SCÈNE DOUZIÈME.
LES PRÉCÉDENTS, LE VICOMTE.

JEANNETON.
Son âme est chevillée au corps! mort à demi !

LE VICOMTE (à Charles.)

Monsieur, je pars ce soir et je viens d'un ami...

CHARLES.

D'un ami!

LE VICOMTE.

Réclamer une suprême grâce:
Mon passe-port, monsieur !

JULES.

L'éhonté! quelle audace!

CHARLES (lui remettant le passe-port.)

Prenez-le donc, monsieur.

LE VICOMTE (le prenant.)

Mille remercîments.

(Il va pour sortir.)

JEANNETON.

Eh! Vicomte, attendez! Regardez ces amants.
Ne voudriez-vous pas assister à leurs noces?
Mais il faudra venir dans vos plus beaux carosses.
Quelle date, messieurs ?

(Le Vicomte sort.)

LAMBERT.

Le douze, à la même heure,
Nous marîrons ici nos enfants... ou je meure!

JULES.

Eh bien! je vous disais, mon ami Benjamin,
Le jour, le fameux jour, où ce petit Bertin
Me fit perdre au billard: « A charge de revanche.»
Vous voyez, j'ai gagné! c'est la dernière manche!

(Le rideau baisse.)

FIN.

DU MÊME AUTEUR

Chez COURTOIS, éditeur au Port-au-Prince

Miscellannées contenant :

GÉNIE D'ENFER, Essai dramatique en un acte.

GUELFES ET GIBELINS, Drame historique en 3 actes.

SITUATIONS LITTÉRAIRES D'HAÏTI.

DE QUELQUES OPINIONS SUR LA LITTÉRATURE DU JOUR.

NOTA. L'auteur se réserve tout droit de reproduction et de représentation.

www.ingramcontent.com/pod-product-compliance
Lightning Source LLC
Chambersburg PA
CBHW052251220526
45471CB00001B/282